玉林师范学院教师教育工作优秀理念和科学思维探索成果系列丛书

LISHIXUE SHIFANSHENG SHIJIAN SHULUN

历史学师范生实践述论

主编 ◎ 曾凡贞　朱凤林

西南交通大学出版社
·成都·

图书在版编目（CIP）数据

历史学师范生实践述论／曾凡贞，朱凤林主编. — 成都：西南交通大学出版社，2016.5
（玉林师范学院教师教育工作优秀理念和科学思维探索成果系列丛书）
ISBN 978-7-5643-4614-0

Ⅰ. ①历… Ⅱ. ①曾… ②朱… Ⅲ. ①历史教学 – 教学研究 – 文集 Ⅳ. ①K – 4

中国版本图书馆 CIP 数据核字（2016）第 055918 号

玉林师范学院教师教育工作优秀理念和科学思维探索成果系列丛书

历史学师范生实践述论

主编　曾凡贞　朱凤林

责 任 编 辑	郭发仔	
封 面 设 计	严春艳	
出 版 发 行	西南交通大学出版社 （四川省成都市二环路北一段 111 号 西南交通大学创新大厦 21 楼）	
发 行 部 电 话	028-87600564　028-87600533	
邮 政 编 码	610031	
网　　　　址	http://www.xnjdcbs.com	
印　　　　刷	成都蜀通印务有限责任公司	
成 品 尺 寸	185 mm×260 mm	
印　　　　张	8	
字　　　　数	198 千	
版　　　　次	2016 年 5 月第 1 版	
印　　　　次	2016 年 5 月第 1 次	
书　　　　号	ISBN 978-7-5643-4614-0	
定　　　　价	35.00 元	

图书如有印装质量问题　本社负责退换
版权所有　盗版必究　举报电话：028-87600562

玉林师范学院教师教育工作优秀理念和科学思维探索成果系列丛书

编 委 会

总 主 编 王卓华

副总主编 蒋丽萍　唐世纲　崔海波　赖兴珲

编　　委 王卓华　蒋丽萍　唐世纲　崔海波
　　　　　　赖兴珲　刘小云　袁名泽　曾凡贞
　　　　　　高红艳　许世坚　朱波涌　李远华
　　　　　　蒋　宁　郑容森　杨一笔　向云根
　　　　　　陆小玲　蒋　慧　陈　渊　梁志清

总 序

  教育是一种社会现象，是人类社会的一种重要实践活动。它随人类的产生而出现，并随人类社会的变迁而发展。学校教育是教育发展到一定阶段的产物，既是近代科学革命和工业革命对大量人才渴求的必然要求，又是教育自身制度化、世俗化、系统化和专业化的结果。教师教育是学校教育的一种特殊类型，是现代教育持续发展的工作母机。师范院校是高等教育机构的重要构成，更是承载教师教育使命的主体机构。因此，"寄居"于师范院校的教师教育工作者，总结教师教育的发展经验，探寻教师教育的发展趋势，揭示教师教育的发展规律，既是一种责任担当，更是一项光荣使命。

  作为我国师范院校的一员，玉林师范学院的办学历史最早可以追溯到1945年创建的广西省立鬱林师范学校，师道传承七十余载，源远流长。以师范立校，以师范兴校。学校在升格为本科院校之前，因"为基础教育培养合格师资，方向明确，成绩显著"，成为全国26所受到国家教委表彰的师范专科院校之一，也是广西唯一获此殊荣的师范专科院校。2000年，玉林师范学院升格为本科院校以来，面对市场经济的不断冲击，仍然始终坚守师道传承，对自身进行准确定位：把学校办成以培养义务教育阶段的师资为主要目标，达到较高水平的教学型地方本科师范院校。2012年6月，学校召开第三次党代会，在本次会议上确定了"师范性、地方性、应用性"的发展目标，以"师范性"作为学校的办学特色，"地方性"作为学校的办学定位，"应用性"作为人才培养的目标定位。2015年，在综合改革和转型发展的背景下，学校重新调整了办学定位的表述，即"地方性、应用型、师范性"。尽管如此，"师范性"仍然是学校发展的重要坚守点，是学校办学特色和优势所在。目前，学校有师范类专业29个，覆盖了学前、小学、初中等基础教育以及职业教育等各个阶段的教师教育；在校师范生的规模和比例在全区高校中位居前列，在校生17 418人，其中师范生10 733人，占所有全部在校生的61%。

  进入21世纪以来，学校解放思想，抢抓发展机遇，开拓创新，认真贯彻落实"规模发展与内涵提升并重、硬件建设与软件建设并重、特色培育与整体质量提高并重、自主创新能力和可持续发展能力并重"的发展思路，遵循高等教育发展规律，着力整合各类资源，全面实施人才兴校、人才强校工程，启动综合改革，推动转型发展，优化学科结构，努力探索培养义务教育阶段基础教育师资的新模式，大力发展与地方经济社会发展紧密结合的应用型专业，坚持"地方性、应用型、师范性"的办学定位，朝着"努力建成国内知名、区内领先、以教师教育为特色的地方应用型高水平大学"目标奋进。

乘着综合改革和转型发展的春风，学校积极探索和创新人才培养模式，开设"挂榜班""卓越班"，加强卓越人才培养，"挂榜班""卓越班"学生成绩优异；开展实践教学改革，推进顶岗实习、混编实习等模式，提高专业实习效果；坚持以赛促练，以练促学，定期举办师范生教学技能大赛、板书大赛等，组织学生参加自治区级、国家级乃至世界级的比赛并屡创佳绩。与此同时，学校各师范专业的教师教育工作者，根据自己的研究兴趣，围绕自己的学科专业领域，选定相关研究主题，积极开展研究，取得了令人欣喜的成绩。

这套丛书就是学校教师教育工作者相关研究成果的一次集中展示。它既彰显了鲜明的时代特征，也反映了学校教师教育发展的基本轨迹，还表达了教师教育工作者的理想与期望。当然，由于时间仓促、作者水平有限，本丛书肯定还存在一些不足之处，恳请各位专家、读者批评指正！

编委会
二〇一六年三月

目 录

王力在清华国学研究院 …………………………………………………………… 1

20世纪30~40年代的广西农事改良试验 ………………………………………… 13

桂中甘王信仰与地方社会的整合与冲突 ………………………………………… 26

顺世而生又异世而立：陈柱《学术世界》与章太炎《制言》比较研究 ……… 39

周春《西夏书》探析——兼谈周春的史学成就 ………………………………… 54

论近代梧州经纪业与航运交通的相互作用 ……………………………………… 69

玉林天地会研究 …………………………………………………………………… 78

王灵农场发展史研究（1978—2010） …………………………………………… 88

明代北海珠业的官方表达与民间故事 …………………………………………… 103

绿珠·绿珠井·绿珠圣女——广西博白女性绿珠历史形象研究 ……………… 112

王力在清华国学研究院

政史学院历史学 2011 级　陈丽华

指导教师　陈耀华

摘　要：1925 年，清华设立国学研究院，以"研究高深学问，造就专门人才"为宗旨。1926 年，王力考取清华国学研究院，开始了师从四大导师的求学岁月。在这一年的学习生活里，王力不仅懂得了治学的一般方法，还与四大导师建立了真挚的师生情谊。其中，赵元任对他的影响最大。赵元任不仅在学术上对王力进行严格的训练，还建议他出国留学，这为他从诸子学研究转向语言学研究提供了契机，最终使他将语言学研究作为自己毕生追求的事业。可以说，在清华学习的一年，对王力产生了较为重大的影响，是他人生的一个重要转折点。

关键词：王力，传统教育，清华国学研究院，求学

引　言

王力（1900—1986 年），字了一，广西博白人，语言学家，教育家，中国现代语言学奠基人之一。1932 年，王力从法国巴黎留学归来之后，先后任教于清华大学、燕京大学、广西大学、西南联合大学、岭南大学、中山大学，著有《古代汉语》《老子研究》《中国古文法》《中国音韵学》《中国语文概论》等四十多部专著，发表论文近两百篇。他为语言学的研究和语言学人才的培养，奉献了自己的一生，为我国语言学的发展做出了巨大的贡献。

目前学界对王力的研究大多集中于他对中国近代语言学的贡献上，出版的专著主要有《中国社会科学家传略》（山西人民出版社，1985 年）和《中国社会科学家自述》（上海教育出版社，1997 年）。这两本书简要地概括了他的主要生平事迹，以及他作为语言学家的主要成就。山东教育出版社出版了《王力文集》（二十卷）。该文集整理了王力在语言学方面的主要成就。而对于王力个人的生平事迹，主要有《广西日报》原资深编辑张谷和王力的大女儿王缉国所写的《王力传》（北京大学出版社，2008 年）。该书用翔实的资料、简练而流畅的文笔、通俗平实而又情深意切的语言记录了王力先生的一生。

研究王力学术及思想的论文也不断涌现，这些论文涉及的领域很多，但具体化的研究论文数量尚少。论文主要着眼于对王力语言学成就的解析与评价，主要有：林玉山的《论王力的语法思想》（《福建师范大学学报》2005 年第 6 期），论述了王力语法思想的主要内

容、语法思想的发展过程以及对中国语法思想史的重要影响；金晓艳、彭爽的《王力汉语语法研究概观》(《宁夏大学学报》2008年第1期)，概说了王力在语法思想上的主要成就；蒋绍愚的《王力先生的汉语历史词汇学研究》(《北京大学学报》2010年第5期)，作者结合自己个人经历，对王力在词汇学上的成就做了分析与概说；梁永斌的《王力古音学研究》(西北大学2011年硕士论文)，从王力先生古声学、古韵学、古调学三个方面的研究入手，对王力先生的古音学说做了客观的梳理和研究。

尽管关于王力的研究成果不断涌现，但对他如何成长，特别是他在清华国学研究院求学的那段经历却研究甚少。而从某种意义上来说，王力在清华国学研究院的学习历程中，是他人生的一个转折点。本文拟就此加以探索，以期揭示这段求学经历对他学术成长的重要性。

一、中国传统教育润泽下的王力

被誉为中国现代著名语言学家的王力，其成长之路并非一蹴而就。王力自幼家境贫寒，求学之路历尽艰辛，6岁入私塾，11岁就读于博白县高等小学堂，但14岁便失学了。此后，王力便开始了自己十年的自学岁月。直到1924年，他才考入上海私立南方大学国学专修班。在进入上海私立南方大学以前，王力是在中国传统教育润泽下成长的，这为他以后的学术道路奠定了深厚的基础。

(一)王力与传统蒙学教育

蒙学是指对儿童进行有计划、有目的的教学活动。古代蒙学的教育对象在年龄上并没有特别严格的限制，小至六七岁，大到10多岁，只要没有接受过正式的教育，都可以进入私塾接受蒙学教育。总的来说，蒙学教育是相对于近代新教育而言的一种旧教育，是对中国古代私塾、社学、义学教育的总称，是中国传统教育的重要组成部分。

1. 蒙学教育中的学生

蒙学教育的形式可以划分为两种：一种是家庭教育；另一种便是正规的古代教育机构——私塾。1900年，王力出生于广西博白县岐山坡，其家族在当地算得上是书香门第，他的曾祖父文田公是清朝的贡生，文田公的儿子方洲和王力的父亲贞伦都在15岁就中了秀才。家庭的读书科考传统使得王力的启蒙教育早就得到了开启。根据他自己的回忆，小时候父亲就常以文田公留下的手抄唐诗本为教材，手把手地教他临池学书，使他在习字的同时又学会了许多唐诗。因此，他五六岁时就能吟诵李白的《静夜思》。

这种家庭教育使王力养成了良好的读书习惯。这主要表现在两个方面：第一，王力7岁进入私塾读书时，对《三字经》《神童诗》等教材都能过目成诵，只字不漏；第二，王力在县高等小学堂读书时，受陶伯明、冯彰全两位老师的影响，背诵了大量古文名篇，还阅读了大量的章回体小说，其勤学好问的程度可见一斑。

2. 蒙学教育中的老师

1914年，王力高等小学堂毕业后，由于家庭原因，无法升入初中继续学习。自此以后，王力便整整失学了十年，这十年也是王力自学的十年。在这十年里，王力经历了许多事。

其一，自办私塾。1917年对于王力来说是一个特殊的年份，这一年王力已为人夫、为人父，他必须挑起家庭的重担。沉重的责任与现实的压力使王力不得不效法他人，利用所学自办私塾。从这一刻开始，昔日的学生王力成了一名教师。对于如何成为一名教师，对于没有学过现代教学法的王力来说，是一个巨大的考验。他只有两个办法：一个是效仿以前他接受启蒙教育时老师的教法；另一个便是在教学的过程当中加入自己对教学的特殊理解。

在教学中，王力对中国传统蒙学教育的继承与改进取得了良好的效果。如在讲授《孟子》中《孟子见梁惠王》时，区别于当时博白县其他老师的带读背诵不求甚解的教法，王力的教法就非常不一样，他遵循了从特殊到一般的认知方法，先是带读一遍，教学生认字，接着就逐句翻译，再用白话文进行串讲，力求使学生理解文中的深意，听得懂也记得牢。如此，王力采用中国传统书院讲学的教学方式，在教学上获得了很大的成功。

其二，受聘于其他教育机构或学校。王力的教学成果得到了家长和学生的一致认同，使其声名远扬。借此机缘，县里名士李荫田聘请他到大车坪担任两年的私塾教师。这两年，他在教学方面的最大成就莫过于对教材的改进，以区别于历代教材在蒙学方面的传统性，如援引《三字经》《百家姓》《千字文》及"四书"等。为了丰富教材的内容，他又增选了一些古代的范文和经典诗词，如增选了《礼记》的一些章节，杜甫的《石壕吏》、白居易的《凌霄花》，这使得他的教学方式具有灵活性，从而形成了自己的教学风格。

过了几年，王力受聘于李氏开国学校担任小学语文教师。在这所采用新学制的完全小学，王力的资历和学历虽然是最低的，但这并不影响他在教学上的优异表现。他在教授高小语文时有几个显著的优点：第一，重视给学生传授语文基础知识，他善于将读、讲、写、背结合起来，务必使学生对课文理解透彻，背诵如流，以达到使学生熟练掌握词汇的初级教学目标，最终学会写作文的基本方法。第二，不拘泥于现有教材，自选自编符合自己教学习惯的教材。例如，他在给学生讲课文时，为了使学生掌握古文的语言规律和特点，特意以他家的《虚字使用法》为蓝本编写了讲义。又如，为了克服学生怕写作文的心理，他特意结合自己写文章的体会，选择王安石《论孟尝君》一文，给学生作论文示范。第三，扩大教师知识面，不拘泥于所教学科。众所周知，在教学的过程中会不可避免地遇到许多跨学科的难题，王力克服这些难题的办法便是努力增加自己对所跨学科知识的理解。例如，他在讲《晏子》中"楚王欲辱晏子，指盗者为齐人"时，就把齐楚两国的历史、地理和课文中提到的橘、枳的有关知识讲得十分透彻。

（二）王力对中国自学传统的践行

拥有十年自学经历的王力对中国的自学传统拥有深刻的理解，"自学成才是我们中国的传统，科举时代没有大学上，所以成才的人都没有经过大学。他们就是从小老师教他们识字，以后呢？就靠自己成才。这方面的例子不少，古今中外，很多学者都是自学成才的"[1]。从这段话中我们可以看出王力对自学传统的认识与赞同。那么，王力是怎样践行中国的自学传统的？他长时间坚持这种传统的原因何在？

1914—1924年，是王力人生历程中失学的十年，也是王力自学的十年。王力自学的途径主要有三个：一是修身自律，仔细研读中国传统文化典籍，这些文化典籍除了王力的祖辈留下来的，还包括王力在大车坪教私塾时意外获得的14箱书。据王力回忆，这14箱书使他的人生发生了第一个转折。这些书涵盖的范围很广，经史子集都有，天文、地理、医卜、星相并陈，更重要的是这些书的主人李月庄是清朝贡生，曾经受业于广东著名的"广雅书院"的山长。李月庄在"广雅书院"的读书笔记为王力效仿古人做学问提供了一个范例。二是教学相长，互相进步。在十年时间里，王力当了七年的教师，王力在这七年积累丰富教学经验的同时，也遇到了许许多多的教学难题。正是这些教学难题促使王力认真研读、思索，从而深化了他对国学的理解。三是积极与学界同仁交流心得。古人做学问并不只讲究研修自律，还得切磋学问，讲究互学互教。十年间，王力不仅积极参加对联比赛，广交诗友，还办起了"民十社"。

王力之所以能够坚持这么长时间的自教自学，首先是因为家庭环境的熏陶，王力自幼接受祖辈们的启蒙教育，对中国传统文化产生了浓厚的兴趣，并进一步养成了勤学好思的良好习惯，培养了极强的自律意识。其次便是我国本身已有良好的自学传统，中国传统教育不仅讲究老师的权威解析、师道尊严，还讲究学生的悟性。最后，国学文化的繁复性要求学生在理解老师所传授知识的同时，还得花一定时间去巩固已获得的知识。

（三）王力从中国传统教育中所获得的成就

说到王力与中国传统教育的关系，我们可以用一句话来总结：王力先生不仅是中国传统教育的被教育者，更是中国传统教育的传播者。在中国传统教育的润泽下，王力在国学方面取得了较大的成就。

在诗词方面，王力完成了他的处女诗作七绝《中秋步月》："金饼蹲鸱懒入唇，徘徊月下翠眉颦。香闺寂寞难归寝，恨煞天涯薄幸人。"[2]该诗描写了中秋月夜时分少妇的孤独与凄苦，表达了少妇对负心郎君强烈的怨恨之情。另外一首《十月刈禾》："大田禾熟正初冬，万顷黄云垄上封。尽日挥镰勤刈获，归来樽酒醉山农。"[3]以质朴的语言表现了岐山坡庄稼丰收的情景，赞扬了农民的辛勤劳动，表达了对淳朴自然乡村生活的向往之情。这两首诗既有情又有景，相互衬托，写得平易自然，颇有韵味。

在诸子学方面，最有名的要数王力于1928年写成并由上海商务印书馆出版的《老子研究》。在这本书中，王力着重剖析与阐释《老子》的基本内涵。全书共分为七章：第一章总论，主要是作者对《老子研究》一书当中的主要内容与研究思路的概述与交代。第二章至第六章是本书的主要内容，主要从"道"的开始、道的深刻含义、道的存在方式、道的运用与道的效力五个方面论述老子的核心思想——道。第七章结论，是作者对《老子研究》一书的总结与思考。在这章当中，作者不仅对比概说了各家对《老子》的研究心得，还在一定程度上提出了自己的独到见解。

《老子研究》作为王力在广采古人（如董仲舒、王弼）和近人（如康有为、章太炎、梁启超）的基础上的第一部学术著作，在一定程度上纠正了各家对老子的某些曲解，做到真正从文章的本意还原文章的深意。也正因为如此，虽然该书出版了多年，但王力对《老子》的研究仍能得到各大家的赞许与关注。这本书既是王力对诸子学勤学好思的结果，也是中国传统教育对王力深刻影响的结果。我们有理由相信，若王力能在诸子学方面坚持研究下去，他所取得的成果将会是巨大的。

二、荏苒而又充实的清华光阴

如上所述，王力在国学方面已经有一定的造诣，但综观其学术道路，他的学术研究成果主要在语言学方面。这个巨大转变还得追溯到 1926 年夏天，王力决定报考清华国学研究院研究生的那一刻。

（一）充满魅力的清华国学研究院

1925 年，清华学校研究院成立，研究院是与原留美预备部、大学部并列的三个相对独立的教学单位。但由于研究院在成立之时经费有限，研究院只能先设立国学一门，续设自然、社会各科。在清华研究院短暂的四年光阴中，国学始终是占有十分重要地位的科目，故世人按其所教内容习称其为清华国学研究院。清华国学研究院存在的时间虽然短暂，但它开启了中国研究国学的一代风气，在中国教育史上占有不可替代的地位，是为中国近代高等教育史上一朵充满魅力的奇葩。

1. 清华国学研究院创办之缘起

关于清华国学研究院创办的原因，作为清华国学研究院重要创办人的吴宓在研究院开学日的演说词《清华开办研究院之旨趣与经过》中，传达校长曹云祥的意见时说：

> 曹校长之意，约为三层：值兹新旧递嬗之际，国人对西方文化，亦有深之研究，然后可以采择适当，融化无碍；中国固有文化之各方面（如政治、经济、哲学），须有通彻之了解，然后于国计民生，种种重要问题，方可迎刃而解，措置咸宜；为达上言之二目的，必须有高深学术机关为大学毕业及学问之有根底者进修之地，且不必远赴欧美多耗资财，所学且与国情隔阂。此即本校设立国学研究院之初意。[4]

从中我们可以窥见清华开办研究院的根本意图是"研究高深学问，造成熟稔国学适宜国情之专门人才"。其实，清华之所以这么迫切地摆脱自己过于西化的特征，还原自己的中国本色，还有更深刻的社会原因。

首先，得从清华学校本身的性质来说。清华学校建立于 1908 年。《辛丑条约》签订之后，清政府利用退还的"庚子赔款"创建了以专门培养合格的赴美留学生为主要目标的游美学务处。毋庸置疑，清华的这种初衷将不可避免地使早期的清华带上了美国色彩。比如，在课程方面，分为中学和西学两部分，西学部课程主要为社会学、自然科学和人文科学，一律使用英文教材，用英语授课；中学部课程，包括国文、中国历史、地理、博物等学科，使用中文授课。虽然清华学生中西兼修，但由于清华特殊的培养方针，西学课程明显重于中学，中学处在从属于西学的地位。正因为如此，清华也曾被时人戏称为"在中国的美国学校"。

其次，整理国故运动促进了清华国学研究院的设立。1840 年，随着鸦片战争的爆发、《南京条约》的签订，中国遭遇了数千年未有之变局，这也是中国人开始从天朝迷梦中惊醒、向西方学习的开始。纵观中国近代史，我们不难发现，随着一系列侵华战争的开始，中国人对自己本身的制度与文化的自信一点点被消磨、吞噬，对西方的文化却越来越向往。新文化运动对中国传统文化的极端仇视，可谓这种心理的真实写照。然而，随着第一次世界大战的爆发，新文化运动遭到以胡适为代表的、深受中西两种文化浸染的知识分子的质疑与反思。于是，一场寻找传统与西化之间平衡点的运动开始了，这便是历史上有名的整理国故运动。与此不谋而合的是，整理国故运动的思想宗旨正好与清华改组派"去清华的美国化，还清华中华本色"的目标一拍即合。因此，整理国故运动也就为清华国学研究院的设立进行了充分的舆论宣传，从而促进了它的设立。

最后，当时国内掀起了"振兴国内高等教育"的浪潮，清华紧跟浪潮准备筹备改办大学，以提升自己的办学质量，赢得声誉。招收本科生以及研究生均是其准备办大学的重要内容。而办好清华国学研究院，进而实现学术独立，是它成功改办的重要步骤。

2. 清华国学研究院的办学特色

清华国学研究院存在的时间虽然不长，但是为以后的中国培养了70多名诸如刘盼遂、吴其昌、徐中舒、陆侃如、马国端、姜亮夫等知名学者，这与其强大的导师团队、中西结合的教学方法、别具一格的教学制度等密切相关。

（1）强大的导师团队。

我们在评价一个教育机构好坏的时候，往往会提及这个机构的教学设备和师资队伍建设。清华国学研究院在教学基础建设方面并不是最好的，这主要是由于它处于草创时期，经费有限。与此形成鲜明对比的是，清华国学研究院的师资队伍确实是当时国内最好的。吴宓在研究院章程的第四部分"教授与讲师"，提到出任研究院教授及讲师的任职资格："一是，本院聘任宏博精深、学有专长之学者数人，为专任教授。常住院，任教授指导之事。二是，对于某种学科素质素有研究之学者，得由本院随时聘为特别讲师。"[5]

吴宓循此思路，广收贤才，最终觅得梁启超、王国维、陈寅恪和赵元任四位导师，他们都是学贯中西并热忱于本国传统文化的国学大师。在研究院的几年里，他们潜心研究中国传统文化，带领学生采用西方的科学方法整理国故，教学相长，在教学收获颇丰的同时，也培养出众多优秀的国学人才。

王国维（1877—1927年），著名历史学家、语言学家、教育家、文学家。早年留学日本，通晓日本、英国和德国文字，在经学、小学、上古史等方面均有较为精深的研究。

梁启超（1873—1929年），近代思想家、教育家、文学家。幼年深受国学熏陶，17岁中举。后从师于康有为，成为资产阶级改良运动的先驱。在诸子学、宋元明学术史、清代学术史、中国佛教史、中国文学等方面颇有研究。

陈寅恪（1890—1969年），著名史学家、教育家，自幼受家庭的熏陶，酷爱经史典籍。1909年毕业以后，转赴欧美留学，先后就读于瑞士苏黎世大学、法国巴黎大学、美国哈佛大学等校。在年历学、古代碑志与外族的关系、摩尼教经典回纥译文、佛教经典各种文字译本比较，以及蒙古、满洲书籍及碑志等方面均有建树。

赵元任（1892—1982年），语言学的奠基人，也是著名的音乐先驱。主要研究方向为中国音韵学、现代方言学、普通语言学。

（2）中西结合，融会贯通。

清华国学研究院虽然是在整理国故运动推动下的产物，被冠以"国学"之名，但是研究院对国学与西学却有着十分理性的思考，并不会因为国学的现状而否定西学，而是中西结合，融会贯通。这主要体现在两方面：首先，研究院的宗旨是"研究高深的学术，造就专门人才"。具体来说，其宗旨有以下几点：第一，谋求中国学科的独立；第二，重铸属于中国自己的国魂；第三，借鉴西方科学研究方法，研究中国传统学术；第四，以中国文化整体的"国学"作为主要的研究对象；第五，培养以著述为毕生事业的学者和不同学校的国学教师。严格来说，研究院所谓的中西融合便是在大的社会背景下，利用西方先进的研究方法研究国学，以达到中国学术的独立，重铸国人对中国传统文化的信心。其次，是各位导师的学术背景。四大导师生活在新旧文化激烈交锋的年代，是传统与变革在现实生活上的缩影，中化与西化在现实生活中的反映。虽然他们都被称为国学大师，但学贯中西是他们身上固有的特征。

（3）制度上的创新。

研究院之新，不仅表现为内容上创新，而且表现为对制度的创新。"略仿中国古代的书院制度和英国的大学制度，在研究方法上，注重个人的自学修为，由教授专任指导。"[6]在开学之日，便将各位导师指导的学科范围和主要专长予以公布，使学生能够结合自己的实际情况和学者的专长与学者自由交谈，从而大致确定自己未来的研究方向。在操作上，稍微仿照美国的道尔顿制，在研究院内设研究室，丰富藏书，方便学生借阅，还请教授来进行指导，为学生释疑解惑。

这样，清华国学研究院不仅吸收了西方的导师制、学生住宿制度、道尔顿制的精华，还继承了中国传统书院制度，融洽了师生关系。

（二）师恩难忘

1926年，仰慕清华大师才华的王力，通过了"一次特别的考试"（注：考试题目为答出一百个古人名，一百个古地名，一百部书名，一百句诗词），成功地以第二十六的排名考上清华国学研究院，开始了为期一年的师从四大导师的清华岁月。

1. 记忆里的王国维与梁启超

王力在清华国学研究院听的第一堂课是王国维讲的《诗经》。对于王国维，王力并不陌生，早年他就拜读过这位老师的著作，特别是对王国维写的《人间词话》推崇备至，也曾认为能写出《人间词话》这样有意境的诗词的作者，一定是风度翩翩的儒生，但不曾想他是一个头戴瓜皮帽，背后留辫子的小老头。当然，王国维在王力心中的形象并不与其外表成正比，相反，王国维讲课的朴实，对某些问题的独到见解，对自己所研究问题的逻辑思考，都让王力佩服不已。让王力印象最深的莫过于"我不懂"，王国维在遇到许多问题时，常常不会轻易地下结论，总是以几句"我不懂"带过去，这并不是说王国维真的不懂，而是体现了王国维在学术方面求真务实的态度以及其在治学方法上的严谨性。老师的谦虚态度深深影响了王力，可以说王力对学术的认真和严谨与王国维有莫大的关系。1927年，王力准备毕业之时，却传来王国维自沉于颐和园湖畔的消息。痛苦之余，王力为这位恩师写下一副挽诗《哭静安师》，以纪念他们之间深厚的师生情谊与王国维的为师之道。挽联写道："似此良师何处寻？山颓梁坏恨悠悠。一自童时哭王父，十年忍泪为公留。"[7]深深地表达了王力失去王师的悲痛之情。

相对于王国维在研究方法与精神上对王力的影响，梁启超对王力的指导与教诲就显得很广泛，如政见、历史观、诗词文章等。这主要是因为与王国维的"政治保守"相区别，梁启超认为"古必胜于今"，提倡改革与创新，在政治方面属于真正的改新派。梁每次在给学生讲中国通史时，都会表现出他对历史的独特理解以及他忧国忧民的情怀，这种教育对于像王力一样的中国新生代而言无疑是一种激励。当然，作为中国新一代文人，王力对政治并不是那么感兴趣，他尤其钟爱的是诗词文学。而梁在诗词文章方面的造诣颇深，尤其是他的政论文，更有"惊心动魄，一字千金""震惊一世，鼓动群伦"的美誉。王力钦佩老师的学问，也经常到老师家中请教诗词方面的难题，以至于事隔多年，当年梁启超给王力的那副"人在画桥西，冷香飞上诗句；酒醒明月下，梦魂欲渡苍茫"的集联，仍被王力视为珍品，妥善保存，足可见他与梁启超之间的师生情谊。

2. 怀念赵元任先生

在清华的四大导师当中，要数赵元任对王力的影响最大，这可能是由于在清华的第二届学生当中，只有王力一个人跟随赵元任学习语言学，王力算是赵元任的嫡传弟子，所以王力与赵元任的关系最为密切。他们之间的深厚情谊主要体现在几件看似平常的小事上。

第一，学术指导。1927 年，王力即将从清华国学研究院毕业，写了《中国古文法》作为自己的毕业论文。梁启超看了王力的论文很是欣赏，给王力"精思妙语，可为斯学辟一新途径"的评语，还写了"卓识""开拓千古，推到一时"的眉批。而作为直接导师的赵元任却刚好相反，专挑王力的毛病，王力在文中讲到"反照句""纲目句"的时候，加上了一个附言说："反照句、纲目句，在西文罕见。"实属有些草率。赵元任批云："删附言！未熟通某文，断无可定其无文法。言有易，言无难。"[8]但王力在另一篇文章《两粤音说》又犯了同样的错误，以两粤作为一个整体，又以自己家乡话里没有撮口呼而草率地说两粤没有撮口呼。1928 年，赵元任去广州调查方言时发现了这个错误，还特意写信给在巴黎的王力，王力由衷地钦佩赵元任先生的这种对学术的执着与谨慎。当年，老师给他的那句"说有易，说无难"也就一直成为他的座右铭。

第二，给出留学建议。清华毕业前夕，他特意拜访了恩师赵元任夫妇，向老师请教自己未来的出路问题。赵元任回答说："依我之见，你最好到巴黎去留学，在那里你将学得许多语言学方面的东西。"[9]王力最终听从了老师的建议，踏上了去巴黎留学的道路。

第三，赠书。巴黎留学之后，赵元任与王力便很少见面了，但先生始终没有忘记王力。1928 年，赵元任将他的新著《现代吴语研究》寄给仍在巴黎的王力。1939 年 6 月 14 日，他又从檀香山寄给王力一本法文书《时间与动词》。1975 年，他从美国加州寄给王力一本用英文写成的《早年自传》。这三本书不仅见证了赵元任先生对语言学的严谨，更见证了王力与其之间深厚的师生情谊。

第四，悼念赵元任先生。1982 年，本来打算回国长期定居的赵元任先生，不料与世长辞。王力听闻噩耗，悲恸不已，并于 1982 年 4 月 27 日在《人民日报》发表《怀念赵元任先生》一文来表示他的悼念之情。文中最后王力怀着沉重的心情写了挽诗：

    离朱子野逊聪明，旷世奇才绝代英。
    提要钩玄探古韵，鼓琴吹笛谱新声。
    剧怜山水千重隔，不厌楱轩万里行。
    今后更无青鸟使，望洋遥奠倍伤情！

三、清华国学研究院对王力的影响

在清华学习的一年，对王力的人生产生了较为重大的影响。他曾经说："如果说发现 14 箱书，是我治学的转折点，使我懂得了什么是学问，那么，研究院的一年，就是我的第二个转折点，有了名师的指点，我懂得了到底应该怎么做学问。"[10]将自己在研究院一年的生活作为自己人生的转折点，可见清华国学研究院对王力的深刻影响。

（一）在清华国学研究院里的成就

研究院不仅使王力获得了真挚的师生情谊，懂得了治学的一般方法，还改变了王力的研究方向：从诸子学转向语言学。这种转折主要体现在他于清华研究院读书时所写作的论文上，如《三百年前河南宁陵方音考》《中国古文法》等。

1. 地方方音考

王力在清华读书期间，在方音方面的研究主要体现在一篇论文上。《三百年前河南宁陵方音考》是王力于1927年发表于《国学论丛》1卷2期的作品。在这篇文章中，王力在文章开头介绍了自己用明代吕得胜和他儿子吕坤所写的《小儿语》和《续小儿语》作为自己研究宁陵方音主要材料的可行性。他认为：书的作者都是河南宁陵人氏，书的语言在很大程度会符合河南宁陵口音，又因为书的读者是小儿，"必定音韵和谐，从此考求，不会错的"[11]；再者，考求古代口音，高雅的诗歌是靠不住的，因为写诗一定得押入庚润，这便叫笔不对口，没有太多口语色彩。最后，因为明朝离现在不远，我们可以用现在所有的口音，比拟他们的口音，做一个假设研究，从而使得研究具有可靠性。在文章的论述过程中，他将宁陵的口语归结于以下几个方面：①东冬韵字都混入庚青燕；②先韵字都混入寒删韵；③阳韵混入唐韵；④齐韵混入支韵；⑤萧肴韵混入豪韵；⑥真元韵通；⑦浊音上声变去声；⑧入声便平声；⑨只字读音。这篇文章体现了王力对河南宁陵方言的一定认识。

2. 文法研究

《中国古文法》是王力于1927年在清华国学研究院完成的毕业论文，他的"这篇《中国古文法》本想写成一本书，但是时间不够，只写两章就算毕业了，毕业后，马上准备去法国留学了，所以这本书没有续写下去"[12]。

这本书主要分为两部分：第一部分为"导言：文法学概论"，讲述王力对文法学的一些认识。其一，何为文法学？文法学就是深刻探究并找寻出文字组织法则的科学，从而使得写作文的人在行文时有写作的凭据，最终使得阅读者通晓作者文中的深意。其二，文法学是语言学的一部分，会随着语法的改变而改变。其三，中国文法的二特性：①中国古文法的固定与不固定；②"中国有影响变性之文法"。

第二部分为"已固定之文法"，主要论述中国已经有的固定文法，王力在这部分的第一章对自己这本书的内容做了概说。本书的内容主要包括以下几个方面：第一，中国古文法与今文法在内容上的主要区别。他说："古文法者，数千年沿用之文法也；今文法者，今人以语体为文之文法也；不直称之曰语体文法者，以别于古之语体文也。"[13]第二，字与词关系。第三，词关系与意关系。第四，语句构造概说。第五，格。格有四种：主、宾、副、领。领格又有所有格、范围格、势力格。第六，句之种类。在第二章，王力按照总略的写作思路，对词的分类进行了展开论述。在词的总说上将其分为五类：称谓词，动作词，限制词，关系词，语气词，并对这些词进行列表分析，然后逐一对这些词进行分析并举例说明。

从这本书中，有两点我们是不难发现的，王力对语言学中的文法学有着自己的理解，这是其一；其二，王力对中国古代的作品很熟悉而且精通，这主要表现为：他为说明问题所使用的引言种类丰富且到位。

（二）毕生追求的事业——语言学

王力在小学教书的时候就对语言学感兴趣了，读大学的时候，他本想对这个方面进行深刻的研究，也曾认真地对《马氏文通》进行研究，但他还不知道自己是继续搞文学创作，还是进行语言学研究。在清华国学研究院的那一年，他最终确立将语言学作为自己毕生追求的事业。

1. 人生的转折——清华国学研究院

王力是怎样走上语言学道路的，他为什么能够将语言学作为自己毕生追求的事业呢？主要有以下几个原因。第一，兴趣是最好的老师，早在王力当小学老师的时候，他就对他父亲书架上的《虚字使用法》很感兴趣，他也曾将其拿来改编过，加上自己的意思，教给学生，"这可以说是我从事语言学研究的开始"[14]。第二，24岁以前的语文学习，让王力有了扎实的语文功底，为语言学的研究奠定了一定的基础。第三，名师的指点，"但我真正走上语言学的道路，则是受了赵元任先生的影响……赵元任先生给我们讲《中国音韵学》，我深感兴趣。这个兴趣比看了周善培《虚字使用法》所感的兴趣大多了"[15]。第四，对科学的热爱，相对于他人对语言学枯燥无味的感觉，王力对自己所从事的事业有着自己的理解，对自己所要承担的任务有深刻的认识。他认为："语言学是研究语言的科学，它把语言作为科学研究的对象，但是语言学并不等于语音。语言学家是要学习多种语言的，但他们学习本国语言和外语只是手段，不是目的。目的是对语言学现象进行科学的研究，取得科研成果。更准确地说，语言学是研究语言的本质、结构和发展规律的科学。"[16]他不认为语言学是枯燥无味的："如果拿文学来比较，语言学确实是枯燥无味了。但是，语言是科学，文学是艺术，是不好拿来比较的，我爱好文学艺术，但我更爱科学，这就是说我为什么从文学转到语言学的道路上来。"[17]

2. 为语言学奉献的一生

1927年，王力从清华国学研究院毕业以后，即赴法国巴黎大学学习语言学。留法期间，王力在巴黎大学学习实验语音学。同时师承法国著名语言学大师房特里耶斯特教授学习普通语言学，不仅系统地学习西方语言学理论，还广泛地接触了历史语言学的理论和方法。1931年，王力完成了自己10多万字的博士论文《博白方音实验论》。1932年，获得博士学位以后，王力回国，在清华大学任教，专门讲授中国音韵学和普通语言学，并在燕京大学兼职讲授中国音韵学。1936年，王力的第一部学术著作《中国音韵学》出版，同年还出版了《江浙人学习国语法》，并在《中国文法欧化的可能性》和《文字改革的理论与实际》这两篇论文当中初步论述了他对语言改革方面的设想。抗日战争期间，王力先后出版了《中国现代语法》《中国文法学初探》《文字改革》《中国语法理论》等多部著作。新中国成立后，王力先后担任中山大学教授兼语言学主任、北京大学中文系教授、中国文字改革委员会委员、中国科学院哲学社会科学部学部委员、语言研究所学术委员会委员、中央推广普通话工作委员会委员、北京大学中文系副主任等职务，并写成《字的形音义》《汉语史稿》《谈谈汉语的规范化》《汉族的共同语和标准音》等多部专著，主持编订了《汉语拼音方案》，以及对《古代汉语》等教材进行整理，发表了诸如《虚词的用法》《语法的民族特点与时代特点》《中国语言学的现况及存在的问题》《汉语拼音改革方案的优点》《中国语言学的继承与发展》等论文。清华国学研究院为王力走上语言学道路创造了一个起点，自那以后，语言学便成了王力毕生追求的事业，王力本人也通过自身的努力为祖国的语言学事业的发展做出了应有的贡献。

结语

贯穿全文，我们始终在讨论一个中心问题：传统与变化。这主要体现在几个方面：

第一，国人对中国传统与西方文化的态度。20 世纪初，西方文化如潮水般涌进中国时，国人就开始面对这种被迫的选择，从洋务派的"中体西用"、维新派的君主立宪到革命派的民主共和，我们一直号召向西方学习，开始了中国近代化的过程。但西方文化与制度并不是完美无缺的，第一次世界大战的爆发让我们意识到西方文化的某些缺陷。于是，人们又开始反思自己所走过的一些历程，开始了从传统中找寻一些可以拯救我们在"西化"过程中所犯的一些错误的方法。

第二，教育界对教育改革"西化"与中国传统的反应。教育改革是对教育过程中出现的一些问题的修正与完善，因而不可避免地需要对教育制度作出很大的调整，如改变教育宗旨。中国古代教育最大的目的就是为封建统治者培养为其效力的封建人才。在封建制度被推翻的情况下，为国家富强培养适用新时期建设的人才已经成为一种不可抗拒的潮流。而在向西方学习如何进行教育改革的同时，我们仍不应该忘记那些优秀的教育传统。讲究师承，融洽师生关系，注重个性化培养，对现在仍然有借鉴意义。我们需要做的还是像清华国学研究院那样，立足本土，放眼世界。

第三，大背景下的教育改革与个人成长成才之间的关系。教育虽然不是个人成长成才的决定因素，但教育背景在一定程度上能决定个人的人生走向。王力先生接受的传统教育使他拥有扎实的国学基础，上海国民大学的学习使他开始较大程度地接受西化教育。而清华国学研究院一年的学习生活成为他个人人生的第二个转折，在这里，他完成了自己的学术转向，从事语言学研究，并将此作为自己毕生追求的事业，最终成为著名的语言学家。

注　释

[1][9]张谷,王缉国.王力传[M].南宁:南宁教育出版社,1984:10,84-85.

[2][3][7]王力.龙虫并雕斋诗集[M].北京:北京出版社,1984:1-2,3-4,5-12.

[4]吴宓.清华开办研究院之旨趣及经过[J].清华周刊,1925(2):71-72.

[5][6]吴宓.清华大学研究院章程[J].清华周刊,1931(11-12):21-47.

[8][12][13]王力.王力文集三卷[M].山东:山东教育出版社,1991:84-85,3-4,

5-12.

[10]张谷,王缉国.王力师从四大教授[J].教育旬刊,2009:46-47.

[11]王力.三百年前河南宁陵方音考[J].国学论丛,1927(2):287-297.

[14][15][16][17]王力.我是怎样走上语言学的道路的[J].复印报刊资料(语言文字学),1982(8):94-95.

20世纪30~40年代的广西农事改良试验

政史学院历史学 2010 级　黄海萍

指导老师　李伟中

摘要：20世纪30年代，新桂系主政广西后，为了加强基层统治、对抗南京国民党政权，组织了大规模的农业改良。抗战全面爆发后，全国各地的农学专家云集于广西柳州的沙塘，在沙塘建立农研机构，积极投身于农业的改良试验。经过多年的苦心经营，沙塘在农事改良方面取得了丰硕的成果，成为抗战时期的中国"农都"。本文对其背景、发展历程及"农都"的形成，以及其对现代化农业的影响进行了简要的探讨。

关键词：20世纪30~40年代，广西，农事改良试验

引　言

20世纪20~30年代，在新桂系政府的扶持下，广西开展了大规模的农业垦殖、水利与科技的试验，农业得到了较快的发展。抗日爆发后，广西成为抗战的大后方，大批农事科研人员和学者云集广西柳州，支持柳州的农业建设。新桂系政府在政策、资金和技术方面也对广西的农业生产进行扶持，支持农业科研人员进行农事改良试验，积极发展农业生产技术。因此，广西的农业经济得到了迅速发展，在很大程度上保证了广西及抗战前线的军需民用，为抗战胜利做出了重要贡献。

学界对近代广西农事改良试验的研究，目前已取得一些比较有价值的成果，如秦宏毅的《抗战时期的广西农业改良》，论述了抗战时期，在新桂系主持下的广西政府，为了满足地方自治和抗战前线的军需民用，在广西进行了大规模的农事改良并取得了巨大的成就。潘桂仙的《近代广西农事试验的兴办及其成效》，论述了广西农事试验的发展历程，特别是在20世纪30~40年代的抗战时期，农事改良试验兴盛繁荣，给近代农业发展奠定了基础。潘桂仙在《抗战时期中国"农都"形成诸因素》中分析了柳州沙塘成为享誉全国的"农都"的几个因素，以及"农都"的现状；在《抗战时期广西农事试验对近代农业的贡献》中论述了农事改良取得的巨大成效，如水稻、玉米、小麦、甘蔗新品种的引进或改良。

综上所述，目前对广西农事改良试验的研究，大都侧重于对农业改良的某一方面的研究，如发展历程、工作成就或"农都"的成因等。关于农业改良试验的总体研究还是比较有限的。沙塘作为全国性的"农都"，曾经繁盛一时，但随着时间的流逝，这段曾经辉煌

的历史逐渐被遗忘，现在甚至很少有人知道农事改良这项盛举。因此，对广西近代农事试验进行全面研究，有助于理清其历史原貌及认识其历史价值，为现代化农业发展提供一定的借鉴作用。

一、广西农事改良试验的背景

（一）自然条件的限制，农业生产发展水平落后

广西地处我国西南边陲，境内山地多，平原少，有"八山一水一分田"之说。各个地区的雨量不均匀，气候冷热多变，土地普遍比较贫瘠，土壤肥力低下，不利于农业的生产发展。据统计，抗战前广西的耕地面积为2 900多万亩①，约占全省土地总面积的9%，其中水田有1 900多万亩，约占总土地面积的64%。由于土地贫瘠，肥力低下，广西的农作物亩产量低于全国产量的最低水平。例如，玉米产量与川、滇、黔三省对比，广西的平均产量最低。其他作物如水稻、甘蔗、棉花等亩产量均比其他省低。

由于自然条件的限制，广西的农业生产水平一直很落后。在清代，广西就是一个需要协饷的省份。协饷也叫协拨，是指每年春、秋两季，各省上报库存银款，经户部核实和全年开支预算后，指定银款有余的省份把银两分拨给银款不足的省份，并限令于4月、9月完成。但是要解决人民的温饱问题，单靠政府的协饷是远远不够的。旧桂系时期，广西政权东侵广东，就与经济发展水平落后无法自给有直接关系。新桂系时期，与南京国民党政权的对抗压力，也使新桂系政权不得不想办法克服自然条件的限制，发展农业科技，争取做到自给，从而提出了"三自"的口号。

（二）自清中期以来广西人口的增长与传统农业的发展极限

我国历史上人口增长呈现不断上升的趋势。而广西的人口增长情况，在清乾隆时期人口增长迅速，至中期已达到基本饱和状态。从康熙到乾隆100多年间，有大批客家人涌进广西，形成了客家人入桂的第一个高峰。嘉庆以后，由于清王朝统治开始走向衰落，加上中英鸦片战争的冲击，客家人入桂的速度趋缓。咸丰二年（1852年），广西的太平军向江南进军，致使两万多客家男女集体由西向东大迁徙。咸丰、同治年间，广东肇庆府发生长达十多年的"土客械斗"，数以十万计的客家人因战败而被遣送或逃到广西，形成清代客家人入桂的又一次高潮。而迁入广西的客家人则主要分布在桂林、柳州、玉林、梧州、贺州等地，分布范围非常广。[1]广西人口增长迅速，其中玉林、容县等传统农业地区的人口基本上达到饱和，以至于后来广西农事试验场创办初期，大部分移民都是玉林籍的，如来自北流、容县等地的农民。造成清代人口空前增长的原因是多方面的，而农业生产水平的相对提高是最重要的原因之一。

农业的快速发展促进了人口数量的增长，但人口的空前增长反过来又给农业生产带来了严峻的问题。清中期以前历代都出现过局部"地不敷耕"的问题[2]。人口激增导致耕地紧缺和民众觅食困难，也给施政者带来沉重的压力，成为社会动荡的潜在风险。面对沉重的人口压力，农民只能想尽一切办法来开辟新的耕地，政府也不断引进和推广新的作物

---

① 1亩=0.066 67公顷，下同。

品种，农民依靠精耕细作的生产经验来提高土地利用率和单位面积产量，但仍难以适应人口的增长，粮食紧缺的问题没能得到解决。

（三）清末民初西方自然科学的传播与广西农业科技的发展

自 1840 年鸦片战争打开中国大门之后，中国社会开始发生重大变化。西方的近代自然科学开始在中国传播，人们的思想观念开始从传统向近代转变，这有力地推动了中国近代农业科技的发展。

清末广西巡抚张鸣岐随两广总督岑春煊入主广西，总理两广的营务，之后又担任广西巡抚。在平定动乱的基础上，张鸣岐以"统筹边防、振兴实业""培养人才"为指导思想，全面致力于广西各项事业的建设，客观上对促进广西近代化起到积极的作用。[3]他一方面镇压各地的民变，一方面在政治、经济、文化等方面实行"新政"。由于西方自然科学的传入，张鸣岐深受影响，为了推动教育事业的发展，他派遣留学生到欧美各国学习先进的文化知识和技术，在省内创办报纸，让人们及时了解社会的各种情况。同时，他还陆续兴办学校，推进教育事业的发展，如将前广西巡抚黄槐森创办的体用学堂改为优级示范学堂，目的是培养初级的师范学堂教师和中学教师。[4]该校是广西最早培养师资的学校，也是广西师范大学的前身。另外在农业建设方面，张鸣岐从省外、国外引进新的技术，并学习其先进的农业生产经验，还聘请外国的教授和技师来华传授先进的技术和知识。对于引进的新品种，着令专门农业技术人员反复进行试验。经试验发现新品种的产量要比普通品种高出很多，于是张鸣岐积极在民间进行推广和普及。经过张鸣岐的推广，农业新技术和新品种广为传播，甚至还推广到广西一些较为偏远的山区。张鸣岐这些举措对当时广西的经济社会发展起到一定的促进作用，客观上拉开了广西近代化的帷幕，推动了广西的近代化发展进程。

1911 年 11 月 7 日广西宣布独立，重新组织军政府，陆荣廷被推举为广西都督，广西进入旧桂系统治时期。为了反对袁世凯的专制统治，顺应民主革命的潮流，陆荣廷打着"桂人治桂"的旗帜，在广西革命民主派的支持下将广西省会由桂林迁到了南宁。陆荣廷主政广西期间，广西的新式教育得到了较快发展。旧桂系创办了广西法政专门学校和广西省立工程专门学校两所高等学校，学校以德、智、体、美四育和谐发展为宗旨，废除读经讲经课，男女生可同校，改革学校的一些规章制度。通过新式的教育，自由、民主、平等、博爱的观念深入人心。旧桂系同时注重发展工商、讲求实学，广西各地纷纷出现了兴办各类实业学校的浪潮。1912 年，在梧州创办广西第一甲种蚕业学校；1913 年，在桂林创办省立第一甲种工业学校，开设染织、矿业、土木三个科，同年还创办桂林女子织科传习所和桂林振坤女子实业学校。1923 年和 1924 年，分别在陆川和邕宁等县创办县立职业学校。[5]这些学校以农业、园艺、畜牧、兽医等专业为主，把培养学生的学习能力和生产能力结合在一起，造就了一大批有真才实学的人，为后来从事农事科学研究输送了大批的专门人才。

（四）新桂系为巩固统治基础而提出"三自"政策，大力发展农业经济

广西的经济一直较为落后，文化水平不高，工业不发达，地方的农业经济占据了支配地位。由于军阀混战，农业经济遭到了极为严重的破坏。新桂系在蒋桂战争和中原大战中

败退广西，其形象和地位发生了很大变化，由北伐时期的威风凛凛一下子变得威信扫地、颜面尽失，还背负着背信弃义、穷兵黩武、挑动内战的骂名，处在内外交困、众叛亲离的境地。因此，新桂系为了改变这种内外交困的境地，树立新形象，巩固政权，在其确立对广西的统治后，提出"建设广西，复兴中国"的口号，对广西的农业、林业、工业、商业、矿业、交通、财政、金融等方面进行建设。[6]面对如何建设广西的问题，新桂系提出了"三自"政策，即自卫、自治、自给。这三大理论主要来源于孙中山先生的三民主义，新桂系在其基础上进行创新。新桂系建设广西的目的是使广西能做到自卫、自治、自给。自卫和自治是自给的基础，而自给却是自卫和自治的保障。为了做到自给，新桂系把发展农业生产放在首位，因为只有保证粮食安全，新桂系才有足够的底气与蒋介石集团分庭抗礼，才能捍卫其在广西的政治、经济、军事等方面的一切权益。新桂系在"三自"政策的指导下搞建设，使广西的经济得到了恢复和快速发展，人们的生活水平有所提高，社会各项事务有序进行。新桂系的改革特别是在农业建设方面成果显著，使广西获得了"模范省"的称号，从此改变了人们对新桂系的看法，也使新桂系在建设中积聚了力量，不断发展壮大，为新桂系挺进中原、再次崛起奠定了基础。

抗日战争爆发成为新桂系再次崛起的一大契机。以李宗仁、白崇禧为首的桂系集团坚决主张抗日救国，桂军立即开赴华北战场，加入抗日军民的行列。由于日本的侵略加剧，广西的工农业相继受到影响，农村成为当时坚持抗日的大后方。意识到后方农业建设的重要性，为了满足地方统治和抗战前线的军需民用，也为了实现农民经济自给，新桂系着手对广西的农业进行广泛的改良。

二、20世纪30~40年代广西农事改良试验的发展历程

（一）农事改良实验场：抗战全面爆发前广西农事改良的初试

为了振兴广西的农业经济，改造旧农村，建设新农村，解决"三农"问题，1932年，广西省政府在柳州沙塘开办了广西农村建设试办区。试办区原名为广西垦殖水利试办区，由前省建设厅厅长伍廷飏担任试办区主任。主任之下，设立了主任办公厅、工务处、垦殖处、乡村经济组织事务所。[7]该试办区位于柳州市柳城县西南，面积共2500余亩。创办试办区的原始动机是发展农业生产，解决农民的土地问题。据1929年的调查统计，全省荒地有3000多万亩，荒山有16000多万亩，而试办区内就有几十万亩荒地亟须开发。[8]恰逢当时容县、北流、岑溪三县人口过剩，耕地不足。其中容县的耕地只有24万亩，而人口则有32万，人多地少，农民在本县难以谋生，只能寻求向外发展。另外，当时海外华侨失业回县的也有十几万人，人口徒增，而农业生产发展却十分落后，导致人们生活非常困难。[9]为了解决人多地少的问题，试办区以沙塘为中心，划分沙塘、石碑坪、无忧三个垦区对荒地和荒山进行开垦，并把容县、北流、岑溪三县过剩的人口暂移到试办区内进行试点，待取得试点成功后再大批移民，以解决土地问题。政府分给移民土地、工具以及经费供其从事农业生产，每一垦区内均设一协作农场，指导农民进行农业生产。政府还鼓励垦区的农民开展垦荒运动，帮助佃农购买土地。同时，还推行农村放贷，即贷款给贫困的农民，以解除农民资金的困难。经过政府和垦民的共同努力，至1935年，沙塘新村已开垦的耕地有3500亩，水田900多亩。石碑坪垦区已开垦耕地5200余亩，水田130余

亩。无忧垦区已开垦耕地6 000余亩,水田1 200余亩。[10]经过广大移民的辛勤劳动,试办区共开垦荒地近2万亩。除了鼓励垦荒之外,政府还精心策划农村经济组织网,包括农业仓库网、农业金融网、合作事业网等,试图寻找一条适合试办区经济发展的途径。另外,试办区还设有制糖、制油、制淀粉各种农产工场,并注意开塘筑坝,发展水利,以及公私造林、其他农业经营等。换言之,与农业生产、乡村教育、农村经济有关的一切事务,试办区均在努力推行。试办区内已有农事、学校、办公、住所等建筑50余所,水旱作物2万多亩,牲畜近1 000头,苗圃2处,林场9处。[11]

试办区利用改良农作物的品种和生产技术,改善灌溉和植树造林保护水土的科学方法,促使农业生产实现科学化。秉着"改造旧农村,建设新农村"的宗旨,尽最大的努力去经营农业生产、农村教育及农村经济组织等一切事务。经过多年的苦心经营,沙塘在柳州甚至全省渐渐扬名。

(二)战火中的"农都":20世纪30~40年代广西农事改良的繁荣发展

抗日战争爆发,烽火四起,硝烟弥漫。华东、华北、华南等地区成为当时抗日的主战场,战争给经济造成了严重的破坏,广西逐渐成为抗日的大后方。由于战争,众多农学研究专家纷纷云集广西柳州,继续从事农事研究事业。在柳州的市郊沙塘成立了农事研究的专门机构,包括广西农事试验场、中央农业实验所广西工作站、农林部广西省推广繁殖站(三大机构简称场、站、室),以及国立广西大学农学院。场站室内配备有机器、仪器以及关于农业方面的书籍,而农学院则有专门的农业人才。这几大机构相互配合,相互合作,对农业进行研究。其研究主要投入的项目有五个方面:一是农艺,主要是进行改良农作物的品种及改进耕作方法;二是病虫害,研究病害与虫害,并找出防治之法;三是农业化学,调查土壤,测定肥力,试验施肥方法;四是森林,主要是试验育苗造林,栽培与改良经济林并推广;五是防治兽疫。在这些机构的配合努力下,沙塘的农事改良工作取得了许多重大成果,如培育了一批高产的优良品种,选育了一批优良树种,病虫害防治成果显著等。沙塘的农事改良工作取得较大的成就,得到农民的认可,继而得到广泛推广。再加上政府继续推进改良试验工作,广西的农事改良试验迅速发展,进入了短暂的繁荣时期。

(三)"农都"悲歌:20世纪40年代后期广西农事改良的停滞

1944年,日军大肆侵犯广西,战事波及柳州、桂林等地,沙塘沦陷在日军的铁蹄之下。沙塘的农事试验机关和学校被迫疏散,广西农事试验场、农林部广西省推广繁殖站迁往三江县的良口乡,广西大学农学院迁往贵州省榕江县。1945年7月,日本败退,但政府多年苦心经营的农事改良事业惨遭摧残和破坏,原有的房屋及未被搬移的设备、物品都被日军洗劫一空,损失非常惨重。据估计,广西农事试验场的损失就达到了525 718 177元[12],农林部广西省推广繁殖站的损失约1 619 000元,广西省柳州高级农业职业学校的损失达107 890 000元[13]。抗战胜利后,政府对各个农事研究机构进行重新整修,但是不久后又陷入了内战的泥潭,政府财政出现危机,没有多余的资金支持农事改良事业,很多正在研究的试验被迫中止,许多技术人员也离开了工作岗位,这一切致使农事改良试验工作停滞不前,陷入了发展的困境。

三、"农都"沙塘与广西农事改良试验

(一)"农都"形成的诸因素

1. 新桂系政府的政策支持

1937年抗日战争爆发,中国社会遭受了巨大的破坏,特别是东南沿海地区,而其中遭受破坏最为严重的要数农村。农村的经济破坏十分严重,而战时的国民政府所需要的一切物质供给都要依靠农村,农村成为国民政府物资供给的根据地。因此,国民政府开始意识到后方农业建设的重要性。政府强调在抗战期间,要发展农村经济,实现粮食和衣料自给。严峻的局势迫使国民政府苦心经营当时经济相对落后的广西、四川、云南、贵州等省的农业。但这些地区的自然条件恶劣,发展农业十分困难,必须要借助科技,改善和提高粮棉的单位面积产量。在1939年4月的第一次全国生产会议上,拟定了战时农业生产政策的要点,把改良旧式农业经营,推广农业科学应用,包括改良种子、防治病虫害、改进肥料、农具,兴修水利等作为农业增产的具体方针。[14] 毋庸置疑,正是在这种特殊的条件下,抗日战争成为后方农业科技发展的一个契机。

新桂系政府成立了专门的农业行政管理所和科研机构,改良农作物的品种,普及农业教育,培训专门人才。另外,还加大了农业贷款的力度,鼓励农民进行垦荒工作。这些措施的开展,极大地推动了农业生产的发展,为抗战前线输送了大量的人员和物质,解决了抗战之急需。

另外,新桂系政府十分重视人才的任用。当时蒋桂矛盾十分突出,由于中共对新桂系做了大量的统战工作,缓和了这一矛盾,因而在抗战初期,广西拥有一个相对民主、相对自由的政治环境。进而,当地政府十分重视招纳和任用知识分子及各类人员,并不论其出身和有何种政治主张,只要有一颗为广西建设服务的心,都一概招纳任用。政府对于各类人才的付出,也给予优厚的回报,在薪金和工作条件上都高于普通政府官员。新桂系政府的这些举措,客观上使一大批人才得到了保护和任用,也为沙塘的农事改良试验工作提供了农业专家,使他们能更好地服务于沙塘。

2. 垦殖事业的需要与专门的农事改良研究机构的设立

1938年,柳州沙塘设立了广西农事试验场,内设农艺、园艺、森林、化验、病虫害各组。场内附设农场、林场、糖厂及技术人员培训班。广西农事试验场积极引进、培育、试验水稻、甘蔗、蔬菜、畜牧等优良品种,并在省内逐渐推广,因此,柳州沙塘成为广西农事试验的中心。同年,广西农事试验场接管了广西农村建设试办区,继续推进农村的改革创新和发展。

中央农业实验所(以下称中农所)奉命西迁重庆后,为协助广西办理农业改进事宜,于1938年1月,设立广西工作站。广西工作站各系职员与省农事试验场合并办公。[15] 站长马保之兼任广西农事试验场代场长,工作站的林刚、戴弘、黄瑞伦、陆大京、寿标、冯敬棠、黄亮、柳支英、徐天锡等人被聘任为广西省政府技正。1942年6月,农林部广西推广繁殖站成立,中农所广西工作站复奉命并入该站,仍由马保之任站长。广西大学农学院创办于1932年,是当时的广西大学下属的三个学院之一,首任院长由副校长盘珠祁博士兼任。1937年9月,国立广西大学农学院从梧州搬到了柳州沙塘。农学院设有农学、森

林及畜牧兽医三个系，各系都有相应的研究室。另外，还有农场、林场、牧场、兽医院、植物研究所、仪器室、图书馆等。农学院并没有受到战争的破坏，所以各样设备比较齐全，可以非常方便地进行各种研究。抗战期间，先后在广西大学农学院担任院长的有王益滔、童润之、汪振儒等。[16]

中农所广西工作站、广西农事试验场、广西推广繁殖站、广西大学农学院互相交融、联合工作，开展多项试验课题研究，取得了大批重要研究成果，其中的许多研究成为广西省开创性研究，使广西农业有大幅改观。

此外，1940年沙塘还设有广西省高级农业职业学校，由马保之兼任校长。同年，还创办了推广人员技术培训班。这些专业学校和培训班在抗战期间培养了一批初级的农业技术人员，成为推广农业科技成果必不可少的力量。

3. 抗战时期文化南迁的积极影响

抗日战争爆发后，中国东部、北部地区的高等院校、文化设施、科研机构及大量文化人才南迁，改变了南方原有的文化格局，形成了一种新的文化——内迁文化。[17]这种内迁文化在西南地区较为明显，特别是云南。内迁文化能够形成和发展得益于当时特殊的历史环境因素。一是抗日救亡形势呼唤适应抗战的文化产生。"九一八"事变之后，中国大片领土沦陷在日本的铁蹄下。在日占区，日本大肆推行对中国亡国灭种的奴化教育，意图摧毁中国人的民族意识。在这种情况下，社会需要产生一种不屈不挠的文化来振奋中国人的民族精神。二是国民政府对内迁的高校、科研机构以及文化人才进行部署和妥善安排，对内迁事业进行扶持，使得一些高校和科研机构得以成功内迁，从而保存了中国高等教育和科研机构的精华。三是西南地区的特殊地理条件为文化得以成功内迁和发展提供了有利条件，如滇、黔、桂、川等多为山地，交通不便，日本的机械部队难以在这些地方发挥优势，因此当时的西南地区成为战时的避难所。

近代以来，西南地区的文化建设一直相对落后，高校稀少，如四川公私立学校仅有14所，云南只有1所，而广西也只有寥寥几所。文化设施也较为落后，如当时桂林只有一家报社，其他地方也不多，有些地方甚至没有。由此可见，西南落后的文化条件，远远不能适应抗战时期社会形势的需要。因此，国民政府才会如此重视文化内迁工作并予以大力扶持。抗战期间，沿海地区多达40所高校迁到了四川，还有部分高校迁到重庆、云南等地。随着内迁高校的增多，大批的专家、学者、文化名人也跟着南迁，提高了西南地区办学的积极性，促进了西南地区教育事业的发展，也为后来科研工作的开展培养了大批人才，促进了西南地区的社会进步和发展。

4. 农业科研工作者的无私奉献

在农业科技生产中，人才是最为关键和不可或缺的因素。抗战时期的沙塘，在众多科研工作者的协同努力下，农事改良工作取得了令人瞩目的成果，以至于当时沙塘的农业出现了一片繁荣的景象。

政府重视知识分子，为其提供工作岗位和各项保障设施，大力扶持各类知识人才，以至于各类从事农业科技的人员能够长时期在自己的岗位上兢兢业业，默默奉献。抗战时期，广西农事试验场、中央农业实验所广西工作站、农林部广西省推广繁殖站、柳州高级农业职业学校、广西农林推广人员培训班均设在沙塘，国内及农业科研机构的专业研究人员几乎都集中在这里。尽管当时沙塘遭到了战争的严重破坏，科研经费不足，研究环境简陋，试验条件落后，但广大的农业科研工作者在艰苦的环境中仍然能坚持工作，跋山涉水，田间地头，严寒酷暑，风霜雨雪，从不间断。他们不断发挥自己的聪明才智，为我国近代的农业科学技术特别是广西农业科学技术的发展和"农都"的创建做出了不可磨灭的贡献。正如潘桂仙在《抗战时期中国"农都"形成因素》中所说："无数农业科研成果在沙塘取得，使中国的农业科学得以继续不辍，也造就了沙塘大后方农业试验中心的形成。"[18]

(二) 广西农事改良试验的主要成就

1. 改良农作物的品种

广西农事试验场成立后，积极着手农作物品种的改良工作。经过反复试验，在品种改良方面取得了很大成就，为广西的农业科学技术改进工作做出了重要贡献。

(1) 水稻。水稻是南方人民主要粮食作物，由于广西的地形和气候影响，水稻的生产周期短，农业增收困难，因而广西农事试验场决定研究水稻的优良品种。在1935—1938年间开始纯系选种，收集全省3 000多种水稻品种，进行比较试验和品种改良，最后选出"早禾1号"至"14号"，"老禾1号"至"16号"等优良高产品种。这种优良水稻推广后，取得了明显的增产效果。[19]1941至1942年，在32个县共推广486 735亩，3年累计增产稻谷320 990市担。[20]

(2) 小麦。广西农事试验场除征集省内品种之外，同时从华北、华中各省以及美国征集良种进行比较试验。1939年秋，试验场与中农所合作，大批引进新种，得到491个品系并对其进行纯系分离，淘汰劣质品种，同时选出能抗病的良种，并进行杂交育种。精选出来的品种，增产效果明显，如"桂3566""桂3956"纯系产量最高，其中"桂3566"超过标准种产量27.29%，"桂3956"超过标准种产量19.88%。[21]另外，中农所广西工作站从各杂交系中精选出良种"166号"和"199号"，其产量比普通种高出30%以上。[22]

(3) 玉米。1936开始对玉米进行育种，主要致力于自交育种。从全省各地征集地方品种，逐年进行自交、测交、单交及双交。另外，还从美国引进杂交玉米64种，进行引种试验。[23]到1942年，已优选出双交品种200多个，经过对比试验，优良的双交种产量较高，在柳州超过当地品种的56%，在宜山超过当地品种的41%，在南宁超过了69%。可见，选出来的品种确为最优良的品种，增产增收效果显著。

(4) 甘蔗。1934年，广西农事试验场从台湾、爪哇、夏威夷等地引进甘蔗品种多达90种，对其进行比较试验，分别在南宁、贵县、宜山、恭城等地种植，再对比这几个地区甘蔗的产量优选出好的品种，并将之推广。选出的优良品种是"桂蔗2号（poj2878）""桂蔗3号（poj234）"，这两个品种生产出来的产量较高，而且质量也非常好，含糖量非常高。这两个优良品种选出来之后，逐渐在柳江、邕宁、柳城等地推广。[24]

2. 病虫害的防治

在近代广西农业生产的过程中，常见的问题是病虫害问题。尽管农业种植有了优良的品种，产量高，但是如果不重视病虫害的防治，即使有再优良的品种，农业增产也是困难的。因此，广西农事试验场除了选育优良的农作物品种外，还致力于病虫害的防治工作。

广西农事试验机构在防治病虫害的工作方面，主要包括三个方面，即调查、抗虫育种、加强防病虫害技术研究。

1938年，农事试验场组成了一个专门从事病虫害研究的工作小组，先后对桂北、桂中、桂南地区的农作物病虫害进行调查。据调查，发现了47种主要害虫和26种主要病害，其中主要害虫，水稻有15种，棉作有11种，甘蔗有5种；主要病害，水稻、棉花、甘蔗各有5种，小麦有6种。[25]对以上病虫害的防治主要采取生物防治、药剂防治、杀虫器械研究和农业防治等措施。经过一系列的努力，防治工作效果明显，保障了农业的增产增收。

以此次调查为基础，试验场对此进行了抗病抗虫品种作物的试验，广西农事试验场和中农所广西工作站、推广站的工作人员合作研究，取得了显著的效果。其中，马保之和范福仁从3 000多种中外品种中选出了4个抗黄锈病和褐锈病的品种，这些新品种的产量非常高。黄亮和相望年在沙塘进行抗花生叶斑病和枯萎病的研究实验，选出了7个抗叶斑病的品种、19个抗枯萎病的品种。[26]

3. 农业化肥研究

由于广西的土壤相对比较贫瘠，要对土壤进行改进，必须先了解土壤的成分，对土壤进行调查。于是，广西农事试验场先后对南宁、柳州、桂林、梧州、容县等地的土壤进行调查，发现这些地区的土壤大多呈酸性，钾的含量一般，而磷的含量则非常少，不利于农作物生长。要改善土地的贫瘠情况，关键是施肥。由于骨粉含磷量非常高，极富肥料价值，研究发现可以利用兽骨制成骨粉来代替磷肥，于是广西政府倡导用兽骨制成骨粉来解决农田的磷肥问题。广西农事试验场专门研制简易的骨粉制造方法，以便农民自己制造。政府还在桂林、柳州建立骨粉厂，用来制作并推广骨粉制肥法。另外，广西农事试验场还建有大量的堆肥室，制造堆肥和合理利用粪尿肥，为农田提供氮肥，这些措施有力地改善了土壤的贫瘠问题，提高了农作物的产量。

4. 育苗造林

广西大学农学院、广西农事试验场与省政府合作，对森林资源进行了数次大规模的调查。他们主要对桂西北、桂中的大明山、大瑶山、三江、融水县、柳城等26个县以及我国西南地区进行关于地理位置、面积、地质、土壤、气候、植物及树种的调查。其中，1940年马达浦、林渭访、吴增亮主持的森林调查发现各地荒地几乎占了90%，森林植被稀少，水土流失严重。由于植被稀缺，下大雨的时候，雨水淹没农田，无雨或少雨时则又闹旱灾。1943年，场站室编写的《科学与广西植物生产》提出了一套"建立农林生命线——造林"的理论和措施，指出："森林乃国民生计之所托，农业生命之所依"。必须下大决心，"详细调查荒山之面积，地势以及土质等，然后详拟计划，筹措巨款，并配合每年所需之苗木种类与数量，在各区设立大规模之苗圃，以供给苗木与种子。造林后尤须注意保护"[27]。

在调查的基础上，广西农事试验场开展造林试验，包括马尾松疏伐试验、杉木打枝及疏伐试验、樟树抚育试验、造林地处理试验等。经过研究，他们掌握了各种树木应该进行疏伐的时间，以及各种树木最佳打枝时间，甚至还研究出树木的种植方法。另外，还选育出一批优良的树种，比较突出的有油桐和乌桕。

1933年，广西农事试验场开始对油桐进行选种工作。经过多方努力，在1938年获得了一个柿饼桐，这是一个优良品种，每个果实里含有7到10粒种子，果实的体积比普通种的要大一倍以上。研究发现，油桐可以采用嫁接法繁殖，保持品种的优良性状，成活率高达90%。[28]种植选出的优良油桐品种，80%以上的油桐都成功结果，于是大面积推广油桐经济林种植，其种植面积从1935年的123万亩增加到了1945年的256万亩，油桐的平均产量非常高，约达328 817市担。[29]

1933年，中央农业实验所也开始了对乌桕的选种工作。1938年移交沙塘广西农事试验场继续进行其选种研究工作。经研究，乌桕砧木嫁接繁殖试验取得成功，其种子体积、含蜡量都比普通的乌桕高出一倍，被称为"乌桕大王"，并被命名为"中农大颗柏"。[30]

5．防治兽疫

抗战初期，我国的兽疫防治工作主要由中央农业实验所协助各省进行。农林部成立后，在广西桂林设立中央畜牧实验所，统理改良家畜品种，增进兽医技术，研究家畜饲养管理及畜产品加工等，而其中在防治牛瘟方面取得了突出成绩。牛瘟是广西流行最广泛、死亡率最高的一种传染病，每年死亡10万余头牛。广西组成了专门的牛瘟预防大队，利用广西家畜保育所生产的牛瘟脏器苗，进行预防注射。据统计，1937到1938年间广西全省共注射了77 058头牛，另外还治愈了一批病牛。凡是进行了预防注射的地方，"牛瘟即告平息"，减少了人民群众的损失。[31]

四、伍廷飏与广西农事改良试验

（一）伍廷飏简介

伍廷飏（1893—1950年），字展空，广西容县人。曾经担任过国民革命军师长、广西省政府代主席、主席及广西、湖北、浙江等省建设厅厅长、国民党第一届全国国民代表大会代表等职。李宗仁、白崇禧等人在广西建立新政权后，任命伍廷飏为柳州的清乡总办，负责对柳州进行治理与建设。在柳州任职期间，主持修建了柳石路、鱼峰路、文笔路、驾鹤路等公路，对柳州城区进行规划和建设，创办柳江农林试验场、柳江公医院、柳江图书馆等。其中柳江农林试验场创办后，招募北流、容县等地农民到柳州沙塘、无忧、石碑坪三地移民垦殖，建设新农村。伍廷飏致力于兴建设、办实业，为振兴国家实业建设、发展民族经济立下了汗马功劳，尤其对柳州的城市建设以及工业、农业和经济的发展产生了积极的影响。

（二）筹办柳江农林试验场进行农事改良试验

1925年7月，新桂系统一了广西，结束了广西多年战乱的局面。为了巩固统治以及适应北伐战争的需要，新桂系开始规划广西的经济建设。新桂系政府将全省划分为若干个辖区，分设清乡总办公署，并委任各路军队的首领为清乡总办，主持恢复经济建设。伍廷飏被任命为柳庆（柳州、庆远的简称）清乡总办公署总办，成为柳庆各属最高的军事首脑、地方行政长官。伍廷飏率领部众开赴柳州，到达柳州不久，伍廷飏就开始着手恢复生产，兴办实业，主持了一次大规模的农事改良试验。

1926年7月，伍廷飏主持召开柳州各属行政会议。此次会议讨论了如何对农业进行改良，解决"三农"问题。会议通过了《筹备柳州农林试验场案》的议案，计划先办农林试验场，进行农作物的育种及栽培工作，育苗造林，还兴办高级农科中学，以培养从事农业的专门人才。另外，还筹办各县、市、乡的农会，对农业进行改良。会议还通过了《筹拟振兴柳江农业案》的提案，该提案对设立农林试验场及筹办高校培养专业人才各项事宜进行了讨论。

会后，伍廷飏马上着手开始落实方案内容，召集柳州各界代表、地方人士、科技人才，共同规划柳州的农业建设。1926年夏，伍廷飏聘请北京大学毕业的杨士钊共同筹办柳江农林试验场。在杨士钊的配合和共同努力下，草拟农事改良方案，修建试验场，筹资购买仪器、设备、书刊以及进行学习考察等。同年9月，柳江农林试验场正式宣告成立，试验场位于柳州西南羊角山大龙潭，占地3 333.33公顷，这是柳州最早的一所农业科学研究机构。伍廷飏任命杨士钊为试验场的第一任站长。[32]

柳江农林试验场成立后，开始大刀阔斧地进行农事改良。在农业方面，注重农作物的育种及栽培；在林业方面，注重育苗及造林。在试验场内部开设了一所高级农科中学，旨在培养专门的农业学术人才，进而推行农事改良。该中学开办的科目涉及农林、垦务、蚕桑、畜牧等。另外，伍廷飏还主持在各县乡设立农会，主要对农民普及农业改良技术，还筹办了柳江农业局来统管柳州的农业事务。[33]

1927年10月，柳江农林试验场统归广西实业院。柳江农林试验场历时虽不长，但自成立后，积极进行农业各项改良工作，取得了许多重大的成果；统归实业院之后为其提供了大量的人才、技术及设施设备，促进了实业院的农事事业发展。

伍廷飏主政柳州期间，苦心经营广西垦殖水利试办区（广西农村建设试办区），发动容县、北流、岑溪三县无地农民2 000余人移居到人迹稀少的沙塘、无忧、石碑坪三个地方，开荒垦殖，让耕者有其田。他还组织垦民开渠筑坝，兴修公仓，保护农产；兴办乡村教育，引进良种及新式机械，组建垦殖公司，鼓励公私造林等。其在农业改良方面所做的一切，为后来广西农事试验场等机构所开展的农事改良试验提供了宝贵的借鉴经验，也为当时柳州的农业发展做出了巨大的贡献，推动了柳州的社会进步。

五、20 世纪30～40 年代农事改良试验对广西现代农业发展的影响

（一）推动农业生产力水平的发展，为抗战做出巨大的贡献

20世纪30年代，新桂系主政广西后，围绕改良传统农业，推行了一系列积极有效的农业发展举措。在抗战时期，农事改良工作取得了十分显著的效果，农作物改良卓有成效，经济作物研究形成规模，病虫害防治和农业化学研究初见成效。新桂系主导的这场农业改良试验不仅给广西各族的传统农业注入了前所未有的新因素，使全面衰退的传统农业经济获得了局部的新生，而且为各族农业的现代化发展奠定了基石。[34]另外，还为八年抗战输送了大量的人员和物资，发挥了西南大后方对前线的支持作用，也为新中国造就了一大批科研和教学骨干。总的来说，这次农事改良试验极大地提高了社会生产力，推动了农业的生产发展。

（二）启动了广西农业现代化的开端

农业生产的现代化一般包括四个方面的内容，即农业生产布局的现代化、农业生产条件的现代化、农业生产技术的现代化以及工商业一体化。而其中实现农业生产技术的现代化则是农业现代化的基础。提高农业的生产能力及达到农业增产的目的，关键在于农业技术的运用。在新桂系主持三四十年代的广西农事改良期间，尽管新桂系的主观目的是为了加强新桂系在广西的统治，暂时满足抗战时期前线的军事需要，但是在新桂系政府改良农事试验的过程中所进行的尝试和努力，如改良农作物品种、防治病虫害、研究农业化学等，在客观上都符合现代化农业的发展趋势。这场农事试验本意并非使农业朝着现代化方向发展，但在客观上启动了农业的现代化开端，成为广西农业现代化的雏形，为广西农业生产技术的进步做出了突出贡献，有利于现代社会经济的发展。可以说，这是一场具有深远意义的农业改革。

小　结

抗战胜利后，由于新桂系集团追随蒋介石发动内战，沙塘的农科事业陷入了瘫痪的状态。但从总体上看，在新桂系主政广西期间，对广西农业所进行的尝试和努力，使农业改良工作取得了十分显著的成效，推动了广西现代农业的发展。特别是"农都"沙塘取得的成就，震动了海内外，甚至有许多海外的农学专家组团来到柳州沙塘进行考察。但是，今天的沙塘却少有当时的特色，当年沙塘开发与建设所取得的成效已经逐渐淹没在历史的洪流中。但是其独有的历史价值仍是无可替代的，因为其农事改良对现代农业的发展具有重要的借鉴意义。如改良作物品种以提高产量、合理利用农用化肥以及育苗造林等，在现代农业的生产发展过程中同样受用。除了改良之外，我们也要提高农业的科学技术，走可持续发展的道路。现今的社会主义新农村建设，与20世纪三四十年代的农业改良一样，同样需要政府和国家的大力扶持与帮助，同时也迫切需要大批既有真才实学又有奉献精神的大学生走进农村，为社会主义新农村的建设献言献策。这既有利于解决"三农"问题，又有利于实现我们大学生的人生价值。

注　释

[1]钟文典.广西客家[M].桂林:广西师范大学出版社,2011:30.

[2]李根蟠.中国古代农业[J].北京:中国国际广播出版社,1996:9.

[3][4]钟霞.张鸣岐与清末广西近代化[J].中国边疆史地研究,2003(2):84.

[5]廖建夏.旧桂系时期广西社会结构和社会生活的变迁[J].湖北:江汉大学学报:人文科学版,2007(6):95-97.

[6]贺珍.初探新桂系时期的广西经济建设[DB/OL].http://www.xzbu.com/4/view-3311013.htm.

[7][17]潘桂仙.抗战时期中国"农都"形成诸因素[J].柳州师专学报,2010.

[8][9][34]潘桂仙.20世纪30年代广西农村建设试办区初探[J].湖北社会科学,2010(8).

[10]创进月刊[J].1935.
[11]钟文典.20世纪30年代的广西[M].桂林:广西师范大学出版社,1992.
[12]广西农业通讯[J].1946(3).
[13]国立广西大学农学院、中央农业实验所、广西工作站等合编.沙塘农讯[J].1946(35).
[14][29]周开庆.经济问题资料汇编(全)[Z].台北:台北文海出版社,1951.
[15][26][27]广西农事试验场,农林部广西省推广繁殖站,农林部中央实验所广西各系联合办公室.科学与广西植物生产[Z].1943:1.
[16][25][30][31]范柏章,黄启文.抗战时期中国"农都"——沙塘[J].中国科技史料,1992(1):21-24.
[17]蔡泽军,张红.试论抗日战争时期内迁文化形成和发展的原因[DB/OL]. http://www.dss.gov.cn/Article_ Print.asp?ArticleID=81703.
[18]潘桂仙.抗战时期广西农事改良试验对近代农业的贡献[J].柳州师专学报,2009(5):62.
[19]马保之.广西省推广繁殖站概况[J].农业推广通讯,1943(5):11.
[20]秦弘毅.抗战时期的广西农业改良[J].广西社会科学,2002(4):202.
[21]广西农事试验场.广西农事试验场二十九年工作报告[R].1941:18-25.
[22]广西农事试验场.广西农事试验场二十八年工作报告[R].1940:18-24.
[23][14]广西农事试验场卅年度工作报告[R].1940:5-6.
[24]广西农事试验场.广西农事试验场二十七年工作报告[R].1939:95-98.
[28]张晓明.抗战时期广西农事试验场的科研活动[J].沧桑,2010.
[32][33]柳州市地方志办公室.伍廷飏传[M].北京:大众文艺出版社,2007:272,283.

桂中甘王信仰与地方社会的整合与冲突

政史学院历史学 2010 级　吕文珊
指导老师　宋永忠

摘要：甘王是一个由民间成功塑造的人格神。甘王信仰对桂中地区社会秩序的影响从由民间力量主导上升到由官方力量推崇，近代以来经历数次沉重打击后仍能通过与地方社会融合互动得以长存。它是民间和官方基于地方社会秩序互动的载体，是村落整合、村际交往的重要资源和连接纽带，也是利益驱使下的族群、村际冲突与竞争的导火索。探究甘王信仰与地方社会秩序建构的关系，让其扬长避短为构建和谐社会效力，具有重要意义。

关键词：甘王信仰，桂中地区，社会秩序

引　言

甘王信仰是源于乡土的民间信仰，在华南民族中较为普遍。在象、浔一带广泛散布的甘王庙往往成为各村落、族群整合乡村、认同国家的标志。

对于甘王信仰，在学术界上的研究著述并不多见。唐晓涛老师写的《神明的正统性与社、庙组织的地域性——拜上帝会毁庙事件的社会史考察》一文从太平天国的角度出发研究，对拜上帝会众与甘王神和大樟乡甘王庙组织之间关于正统性的争夺进行阐析。而其与赖明宗先生共撰的《甘王神形象的变化及其正统化过程》，则厘清了甘王神的形象变化，并对确立大樟乡甘王庙正统地位的过程进行了进一步的解析。前辈学者对关于甘王信仰与地方社会秩序之间的关系并没有进行系统讨论，从甘王信仰的历史流变及现存传说变化和表现传承出发探究其在地方社会秩序中所发挥的作用，将有助于人们更深刻地理解甘王信仰对所覆盖下的族群逐步纳入国家体系的重要性，以及该信仰在地方社会控制方面所起到的不容忽视的作用。而阐述甘王信仰在村落、族群交往中对地方社会秩序所起的作用，则会使人们对民族融合与文化认同、地方信仰与区域社会秩序建构间的关系有进一步的了解。

一、甘王信仰历史与空间的流变

（一）信仰历史的流变

对于甘王的历史，不同朝代的相关典籍的记载都有所不同，而随着时间的流传，这些

记载甚至会发生质的变化。通过对不同朝代不同记载的解读，我们可以更清楚地了解甘王历史流变的过程及其与地方、国家的互动。

1. 宋代的最早记载

关于甘王这个地方神，最早的记载在宋代王象之所著《舆地纪胜》一书有述[1]：

> 甘将军正庙，在阳寿县北七十里。公家富饶，务赈济，一夕梦一神人告之曰："汝处心公平，幽冥已录姓名。"公自是不治产业，公兄弟诮之，分其已分之田，责其自耕，公乃缚数茅人立于田旁，次日视之，插莳已毕，众皆神之。一日聚诸邻里曰："吾已厌于世矣！"即瞑目而去。

宋朝时兴神，人们根据当时的情况将神力付诸人的身上，渲染了一个合适的有灵异能力的神，以寄托追求、安佑地方。这个记载中的甘将军在有灵力之前便"务赈济"，因他所做的这一切为幽冥所录，遂得异能。我们从中可以看出，当时的社会倡导的或者人们所希望的是做事善有善报、做人要处心公平，当时的甘将军也只是一个由做善事得善果的人转化为有庙邸的地方神，而这个地方神只是为地方民众所推崇，并未见地方政府或国家的记载和说明，但这些被推崇的地方神为人处世之道能对地方社会秩序起到一种无形的导向作用。

2. 明代的身份变化

明万历《广西通志》里有关于甘王的记载[2]：

> 甘大将，象州人，名佃，家富，有窘乏告者，皆满其所欲而去，性特灵异，乡人决以祸福者，无不奇验。一日，聚邻里告曰：吾已厌世矣。因教众以修身事亲大节，言讫，即瞑目而逝，乡人因建庙设像祀之，屡着应验。

此时有关甘王的记载与宋朝王象之《舆地纪胜》里所记一样，是家富乐施无敕封且有灵异能力的地方神。明朝时的甘大将的所作所为，不仅具有灵力且好善乐施，在仙逝之前还要"教众以修身事亲大节"。这里不仅反映出了甘大将的个人道义和对社会的贡献，而且从侧面凸显出当时的明王朝弘扬的是注重个人修养和仁孝和善。而这些被乡众所信仰的教条信义及社会所推崇的"修身事亲"会在地方形成一股良好的社会风气，有利于构建和平安定的社会秩序。而根据明万历时的《广西通志》的记载，甘王信仰在人民群众中较普遍。

在清乾隆《象州志》卷四的"诗钞"中有收录明崇祯十五年（1642年）进士吴从拭的《甘王庙碑歌》[3]：

> 甘帅狗齐胆略雄，那堪南汉据潭中。吴越见侵御敌锋，阴兵助捷奏奇功。特除护国彰忠眷，烈烈神威千载现。象郡士民争走奠，如嚮决疑祸福现。佃公性异好乐施，慷慨遍周粤溜赀。同叔诚明能预知，吉凶不待问龟蓍。一日忽然聚闾里，修身密秘传真指。厌尘瞑目游太始，庙貌巍峨肃禋祀。苾芬俎豆列肴牲于休哉，百代赠封无有已。

到此时便出现了甘王其实是两个神明的记载，一位是有灵力的保家护国的甘帅，另一位是慷慨乐施能预知的甘佃，后者倒是与前面书籍所记载的故事差不多，但前者的事迹横空出世，这或许是民间根据"甘将军""甘大将"两个称呼误传，又或许是民间组织为了突显这个神明的地位而造的势。从中我们可知，到了明末的时候，甘王的身份有了提升："百代赠封无有已"。虽没有说清"赠封"的具体事宜，而且这也不能作为是国家认同的证据，但能说明这个地方神所覆盖的群体希望这个神明能够得到国家或地方政府的承认。如果国家介入民间信仰，则标志着国家需要利用这个信仰加强对信仰圈内的地方社会秩序的控制，这也为甘王信仰在后世得到政府推崇埋下伏笔。

3. 清代时正统地位的确立

清康熙《广西通志》对于甘王有这样的记载[4]：

甘陆，象州人，有志略，时柳州为南汉所据，诏陆出征，每以阴兵得捷，拜护国将军，及归里，祸福先知如神，州人立庙祀之。甘佃，象州人，家富好施，贫而告者未尝少吝，性灵异，决祸福明于陆。一旦，聚邻里告曰：吾厌世矣。示众以修身事。言讫，瞑目而逝，乡人设庙像祀之。后封惠济感应侯，元加封孚应惠济圣公。明加封王号。

这里关于甘将军的描述继承了明末时候神分两人的记载，对甘王的敕封名号加以解释，但并未指明是给谁的封号，这就让后世将这些敕封名号看作为两人所共有。作为地方史志的《广西通志》对甘王的敕封名号加以解释，这说明清朝地方政府想通过敕封的办法将甘王的地位提升到主导的信仰地位，以加强对地方民众的社会行为的控制。甘王信仰得到官方力量的承认与推崇，这不仅有利于信仰的传播，也可以扩大国家权力的控制范围和加强国家对地方社会的控制力度。

康熙以后的帝王也同样采取了这样的计策，并取得了良好的效果，甘王庙的增建及信仰圈的扩大，标志着清朝对地方控制力度的不断扩大。清雍正《广西通志》[5]记载，不仅象州州城中有祭祀甘陆的甘将军庙，在州城西南也出现了奉祀甘佃的惠济侯祠，即甘王庙。在清乾隆《象州志》[6]里，甘陆和甘佃二人为叔侄关系，是象州古车村人，还提到甘将军墓在州城东凤凰山。

至此，甘王这个神明得到了更加完美、完整和完善的塑造，其神奇之处也在代代相传的过程中进一步夸大。

清同治《象州志》把甘王叔侄说得更加威武神奇[7]：

甘陆，象州古车村人，有智慧。时柳州为南汉所据，诏陆出征，每以术得捷，拜护国将军。及归里，决祸福，先知如神，州人立庙祀之。又甘佃，陆之侄也，家富好施，贫而无告者，未尝少吝。著灵异，决祸福，无不奇中。一日，聚邻里曰："吾厌世矣，示众以修身事。"言讫，眼目而逝，乡人设庙象祀之。后封惠济感应侯，元和加惠济显应圣公，明加封王号，国朝道光、咸丰间，迭显灵迹，靖寇安民。事闻，敕封威灵王，列入祀典，地方官春秋致祭。

可以说，在清代时，甘王信仰在官方的推崇和民众的接受下已经达到了最顶峰，而这也正好有利于甘王信仰的传播与信仰圈的扩大。

4. 清以后的损毁与重建

象州古车甘王庙曾在20世纪30年代被当时的象县县长葛维廷下令拆毁，县内其他庙宇也不能幸免，但是这并不能使已深入民心的甘王信仰从此湮灭。1938年，象州县重修旧县志，其中的《习俗·异闻篇》这样载[8]：

甘陆有征讨南汉之功，甘佃（扶应）有施济乡人之德……他们征战有功，不愿为官，回乡里务农人敬之，死后县属各墟场于唐宋间普遍立庙崇之为神。

在经过日本侵略者破坏之后，古迹遭毁、典籍失传的满目疮痍境况让象州人民在对保护地方文化方面上下了更大的决心。1948年重修的《象县志》载[9]：

> 甘陆象州古车村人，有智略，时柳州为南汉所据，诏陆出征，每以术得捷，拜护国将军，及归里，决祸福处，先知如神，州人立庙祀之。甘佃陆之侄，家富好施，贫而告者，未尝少吝，著灵异，决祸福，无不奇中，一夕，梦人告之曰，汝处心公平，幽冥已录姓名，公自是不治产业，兄弟诮之，分其已分之田，责其自治，公乃缚数苑人立于田旁，次日视之，插时毕，众神之，一日聚邻里曰，吾厌世矣，示众以修身事，言讫，瞑目而逝，乡人设庙像祀之，后封惠济感应候，元加封惠济显应公，明加封王号。

经过新中国成立后的"整风""四清"，破"四旧""文革"和反"六害"等运动，各地甘王庙屡遭劫难。虽然后来各处甘王庙宇得以重修增建，但是在马克思主义、毛泽东思想等的指导下，人们对甘王信仰已不再像旧时那么热衷。到了1994年的《象州县志》，关于甘王的记载也仅仅只有"甘王，为过去人们所崇拜的当地神圣，各地建有甘王庙，供有塑像谓其能庇护一方，施济众人，有求必应。封建统治者为其加封，封号为惠济显应圣公威灵王"[10]一段话而已。

这段时间内的甘王庙宇不断被摧毁，又依靠民间力量得以重塑，该信仰对地方的社会秩序的影响已经渐渐减弱。在国民政府推行的"保甲制度"和新中国对地方基层管理政权强化的形势之下，政府已经不再需要通过介入民间信仰来加强对地方的管理，所以甘王信仰所辐射的范围逐渐减小，但其在民众心目中仍有举足轻重的地位，甘王神庙的屡毁屡建并能流传至今就是一个证明。

（二）信仰空间的流变

甘王是地方乡土民众塑造的人格神，经过历史的推移与无数信众的传承，在一定的地域上有着深刻的影响，加上地方出于对社会秩序控制的需要，建庙祭祀的也就大有人在。经走访、查阅文献发现，现如今甘王庙大多矗立于多民族的桂中地区，即今来宾、桂平、平南等地。

甘王庙里甘王的形象，大多是身披红袍，红脸长须，鼓眼暴珠，手执兵器，形象威武，令人望而生畏。但是，也有些庙里的甘王神像是身着黄袍、慈眉善目的亲民形象。

清朝同治时期象州的著名士绅郑小谷曾对甘王庙做了专门的考证："吾乡甘将军庙，宋时已有，见王象之《舆地纪胜》。"[11]

可见，象州的甘王庙早在宋时已有，这与最早记载关于甘王历史的《舆地纪胜》一书相吻合，虽然这并不能证明象州一带是最早的甘王信仰的发源地，但甘王信仰在这里得到传播与发展是毋庸置疑的。也正是因为这样，太平天国教众才会在捣毁桂平的三界庙之后，又不远千里到达象州大樟捣毁被视为祖庙和正统力量坐标的甘王大庙。太平天国教众的捣庙行动使得在今金秀瑶族自治县大樟乡的甘王大庙声名大噪，此庙宇位于大瑶山与外界连接的必经之路，以东以北则是瑶族居住的山区，以西以南则大多居住壮汉民族。以此庙宇为中心，附近其他庙宇均建立得较晚，如中平镇仁义河边的甘王总庙建立于光绪十三年（1887年）六月，象州城内西北隅的甘将军庙在清同治年间有邑人重修。另外，象州县内运江镇有甘王庙，寺村圩有甘王大庙，其他如大乐以及州内各村庄均有，但历史并不悠久。象县甘王庙数以百计，故有民国县志第二编《社会·风俗·迷信》载[13]：

> 阖县祠庙，以祀甘陆、甘佃叔侄为最多，俗呼甘王庙。……邑人对之，颇存敬畏。偶

遇天时灾异，无不向神祈求，泥首许愿，尤以妇女为甚，深切诚恳，得未曾有。[12]金秀"花篮瑶很多村寨都立有甘王庙敬奉"。

但唐晓涛在《神明的正统性与社、庙组织的地域性——拜上帝会毁庙事件的社会史考察》一文中考证，花篮瑶是在清后期及民国年间才推崇甘王的，即在这个时间段内，甘王信仰才进入瑶山之内。

在桂平市，南木镇弩滩边有甘王庙，金田镇风门坳亦有。另外，有志载"桂平城东北隅，城内四穿楼均有甘王庙"[14]。南木镇弩滩上水甘王庙建立时间不可考，但有碑记记录此庙曾在同治年间重修[15]。若甘王庙最早出现在象县地区，则桂平地区的甘王庙应是甘王信仰向南推行的产物。

地处象县与桂平之间的武宣县在民国的县志《政治·建置·坛庙》[16]中记载有供奉甘王的出水庙，但建立时间已不可考，象县的甘王信仰要向南传播到桂平，就必须经过武宣。由此可推出，武宣的甘王信仰应该是在由象县传播至桂平期间存在的。

象州县史志办韦敏①在其《甘王的传说》[17]一文中写道："以象州为中心的大瑶山地区周围，上至平乐、荔浦，下至平南、桂平，到处都建有甘王庙。"若以象县为中心，甘王信仰则呈由点到面向四周扩展的辐射状态，通过各个朝代的地方志的记载我们可以发现，甘王神的信仰圈是在清朝及民国时期得到不断扩大与发展的。

二、民间现存甘王传说变化考究

民间信仰与民间传说之间存在着一种相互的作用，"民间信仰一旦演化成民间传说，原有的民间信仰仍然以各种形态存在于民间传说之中，于是在历史的坐标上，民间信仰与民间传说互为作用、互为表里，构成民间基层社会极具活力的文化运动"[18]。甘王信仰与甘王传说之间也存在着动态的演化关系，但与甘王信仰历史规矩的流变不同的是，民间甘王传说在不同的族群、力量的塑造之下出现了众多版本，而这些不同的版本也反映出不同的族群、力量在地方社会秩序上的态度。

关于甘王的故事，民间说法不一，经调查采访，主要有四种说法。

（一）护国英雄，孝善代表

普遍的信仰圈内都这样传说：甘王全名甘佃，民间又称其为甘罗应，为南朝象州古车村（今属金秀瑶族自治县）人。他自幼机智勇敢，勤劳孝顺，天赋异能，乐善好施。时逢南朝皇帝下诏征兵求将以抵御北魏兵马入侵，甘罗应应诏出征，每每以奇术异能大破北魏兵马于阵前，战功赫赫；受封为护国大将军后请归乡里，是为民族英雄，后世屡受加封。

甘王在这个传说里是一个非常正义、美好的英雄形象，这种完全褒奖的传说的支持者应该对甘王具有十分狂热的追崇，他们除了敬仰甘王的护国功绩之外，还敬重其孝道和善良，希望后人除了能在社会上有所贡献外，还要弘扬孝道和与人为善，这对社会秩序构建是非常有利的。但是，每个甘王的传说都会宣扬其超凡的能力，在狂热追崇者的渲染下，这种能力在其他信者看来就是"有求必应"，并对此盲目坚信，由此会渐渐走向"迷信"，

---

① 韦敏：广西象州县史志办公室工作人员，著有《象州人物志》等书籍。

从而会对社会产生不良影响。

（二）避罪改姓，杀母求富

在现今金秀瑶族自治县管辖下的桐木、大樟等地的少数人对甘王又有另一种说法：甘王原姓罗名应，古时象州古车村人。因为得罪官府，害怕罪连亲族，遂改姓甘，名罗应，民间多称其为甘罗应或甘老应。罗应的家庭生活十分艰苦，母亲患有眼疾，不能劳作，所以他自小便跟随叔父罗通保以为人牧牛为生。他性情凶狠，好吃懒做。叔侄两人都十分迷信风水地理之说。有一天，听一位地理先生说有一宝地，若得活尸葬之，则可享尽富贵。罗应归家，击昏老母葬之，遂身怀异能。后人异之，每每相传，遂为神也。

关于这个传说，钟文典教授的《太平天国起义与乡土宗教》一文里这样写道[19]：

所谓甘王打死母亲，得道作怪的传说，早在洪秀全发动革命时已经十分流行。《太平天日》记载说：洪秀全在紫荆山，"闻土人说象州有一甘王庙，他敢拖州官朱某下轿，要这州官送隆（龙）袍才放他；即庙祝烧香点灯要打锣，恐或撞见。该处不敢乱讲他，若有人乱讲他，他便作古怪，害此人家中不安，要此人将猪牛祭他，然后无事"。

这个传说的出现时间我们已不可考，这个传说有可能是在洪秀全发动革命之前已存在，是民间信仰冲突的产物。可正由于它只被记载在《太平天日》中，所以也有可能是太平天国为造势的需要而创造的。

通过社会调查走访只能发现，这种传说出自金秀瑶山。持此种说法的只有小部分人，不过却分为两派：一派是反对此种信仰的；另一派则原先不信，渐渐转为相信甘王有异能并能百求百应。反对此信仰的人们认为该神明并不是像第一种说法那样孝顺高尚，他们利用此说法打击狂热的追崇者们。不论他们是站在对立的信仰角度还是理智的社会立场，这种说法对该信仰的负面影响起到了一定的警醒作用。而原来不信却渐渐转为信者的一派的存在既说明了该信仰得到了进一步的扩大，也体现了其强大的融合、吸纳能力。控制好其中的度确实能对地方社会秩序的稳定起到积极的作用。

（三）杀母卫国，神分两人

经过进一步扩大调查采访范围发现，现如今大多数的年轻信者所持的说法则是将二者结合起来：相传甘王原姓罗，单名应，南朝象州县大樟乡古车村（今属金秀瑶族自治县）。幼时丧父，母患眼疾，家境贫困，自小以为同村财主放牛为生。偶得地理先生指点，将活尸葬于三宝地其一均可不凡，遂将母打晕葬之，得异门法术，有民觉妖告知官府，其便隐姓埋名改姓甘以躲避官差。时值南朝遭外敌入侵，闻其有法术，皇帝下诏书令其带兵抗敌。其以奇术异能击退敌军后班师回朝，帝欲让位，其婉拒回乡，帝免象县皇粮。因他退敌有功，保家卫国，后来屡受历代皇朝追封，又因他能让象县免去皇粮，所以当地百姓对他十分崇拜。

这个传说将大多数人所坚信的甘王的美好形象与出自大瑶山的甘王杀母情节相结合。此说法普遍流传于象州及周围一些地区，这应与该地区的民族融合有着巨大的联系。有能力将两者说法相结合的群体应是地方精英，他们将自身的地位与官方权威结合起来，力求解决不同村落、族群间由不同传说引发的冲突，将社会秩序引向良好的发展方向，在促进民族融合的同时也稳定了社会秩序，又在取得官方支持下达到了提升自身在地方社会中的权威的目的。

也有些地方传说甘王是两个人,叔叔是保家卫国、功勋显赫的将军,侄子则拥有灵力,有求必应。这个传说在桂平的弩滩甘王庙得以体现。此庙有两个大门,与大门相对应的殿堂分别祭祀着身着黄袍且有标志的甘王,以及同样身着黄袍却没写名字的甘王。这与明后确立的两个形象并无二致。

(四)壮族首领,驱瑶造福

这种说法则非常鲜闻,笔者也偶在甘王庙会从几位老人的口述中得到证实。这种说法中的甘王是壮族人。大樟乡原为瑶人的地盘,甘王则是带领壮人赶走瑶人取得生存空间的伟大首领,壮族人民奉之为神。在唐晓涛的《神明的正统性与社、庙组织的地域性——拜上帝会毁庙事件的社会史考察》一文里有如下记载[20]:

该庙罗缘首言:"当年大樟乡一带全是瑶人的地盘,我们到来后,一步步将瑶人赶走,赶进了大瑶山,现在金秀瑶山最偏的六巷乡门头、王桑村的瑶人本来是住在我们现住的六龙村、古楼一带。我们管这叫'占地盘'。甘王是壮族人民的领袖,甘王占哪里,哪里都是讲壮的,将不是讲壮的都赶走。瑶人被赶进山里了。"在这些拜甘王的壮人的讲述中,大樟乡周围原本为瑶人的地盘,后来是壮人将瑶人赶进了瑶山,而甘王正是带领壮人赶走瑶人、占领瑶人地盘的神明。

这个传说与壮、瑶民族关系有关,如今并没有一手资料证明该传说的真实性,但是,在今天的金秀瑶族自治县的瑶山里大部分村寨都不崇奉甘王,而金秀五个瑶系里只有花篮瑶是个例外。花篮瑶是金秀瑶族中的一个支系,主要居住在金秀瑶族自治县六巷乡、长垌乡和罗香乡的一些村寨。"'跳甘王'是花篮瑶族群为祈求甘王消灾除祸、保佑平安的民间祭祀活动,流行于金秀瑶族自治县花篮瑶居住的村寨。……花篮瑶很多村寨都立有甘王庙敬奉,既是为了纪念甘王退敌有功,又是为了祈望甘王之神力消灾除祸,保佑平安。"[21]

唐晓涛考证花篮瑶崇拜甘王的时间是在清后期及民国年间,"而这一时期正是清廷和民国广西政府开发瑶山,将其纳入国家秩序的时期。学者采集到的六巷乡门头、黄桑、下灵等花篮瑶村寨的甘王科仪唱本中保留的甘王杀母以求富贵的情节,所反映的应该是早期金秀瑶山与山外处于敌对状态时,花篮瑶人对甘王的认识和态度"[22]。

如今甘王信仰的支持者多为瑶、壮、汉族,这几个民族各自有着不同的信仰与社会行为。不管这个传说所反映的族群冲突过程是否真实,但最后的民族融合结果却是显而易见的,这也说明了甘王信仰在不同族群、不同信仰上兼纳、吸收、融合的作用是不容小觑的。

三、甘王信仰的表现形式与村落社会秩序

(一)甘王信仰的表现形式

从甘王信仰的范围我们可以知道各地都有很多祭祀甘王的庙宇,在祭祀仪式下的甘王信仰表现为庙会与游神两个方面。

1. 庙会：修庙祭祀，群会瞻仰

庙会是普遍存在于中国广大农村社会里最为隆重的集体性民俗文化活动，它不仅是地域性、民族性长期积淀的历史文化遗产，而且体现出一个村庄、一个区域甚至一个民族的社会生活和精神风貌。

据调查，各地甘王庙在正月初一、正月十五、清明节、八月十五等大日子里均有庙会，但是不同地区的甘王庙最隆重的庙会却不相同，如来宾市一带的甘王庙最盛大的庙会是在每年的农历七月二十八，桂平市一带的甘王庙最盛大的庙会则在每年的正月十六。

象州、金秀一带最大的庙会节日是在每年的相传是甘王的生日的农历七月二十八这一天。这一带的每个甘王庙都有自己的组织且名称各不相同，如中平甘王庙的组织叫"甘王庙理事会"，而大樟乡的甘王庙则叫"甘王历史研究学会"。这些庙会属于民间组织，是一种松散的民间力量的聚合，一般由乡、村里对甘王神的故事、历史十分了解并坚决拥护该信仰的有威望的长者组成，他们主要负责庙宇的管理、节庆活动的组织等。由于大樟甘王大庙被认为是甘王祖庙，所以各地庙会组织都会以其为首，配合其对庙会、游神等祭典活动进行安排。各个庙宇是相互独立存在的，作为同一个神明的庙邸，它们之间在建庙、筹资等方面都会予以支持，但是与其并无隶属关系。

据大樟乡三江口庙会工作人员龚杏秀①所言，每年的一些重要日子都会有民众自发地到庙里来上香祈福，庙会工作人员也会根据民众需要对庙会进行组织宣传。农历七月二十八的庙会最为隆重，信众们都想赶烧头香，在农历七月二十七的晚上便已经有很多人前来等候，庙会工作人员一直忙于筹备餐饮、舞狮、表演、收捐等诸多事宜。由于庙宇离街相对较远，所以庙会工作人员都会准备开餐。若在庙会就餐，可按庙墙上张贴的红纸上的说明交付相应的资费。庙会组织会从民众所捐赠的香火钱中抽取部分请来表演队，内容包括舞狮、小品、山歌对唱等各种独具地方民俗特色的表演。另外，庙会会有专人用账本记录下何时何人捐多少钱，所捐钱数达到一定程度即可将名字刻于石碑之上，而民众们对于甘王庙捐赠的香火钱均用于修缮庙宇、刻碑留念、铺好朝庙之路等。

七月二十八凌晨，庙会工作人员将准备好的供品摆放到甘王等神像面前，一番祭拜过后，鞭炮、舞狮、鼓声、呐喊声顿时沸腾起来。在集体祭拜过后，各家各户带上自家准备的祭祀贡品，将其摆在供台上供甘王"享用"，贡品只有水果、饼干、米等，鲜有酒肉类祭祀品，或许与大樟甘王庙地势较偏远有关。在经过烧香祈福之后，大多数香客都会花一块钱购买庙会工作人员准备的据说"开光"（即受神灵祝福）过的印着奇怪符号的红布条，工作人员表示红布条经过在大爹（即甘王）神像前开过光，有灵气，能保诸事顺意。另外，甘王庙所在的山头流出的泉水被称为"圣水"，这也是香客们必会接触的，或喝、或洗手、或带回家。

龚杏秀说，这些年前来参加甘王大庙庙会的群众越来越多，除了附近乡镇外，还有从广东、柳州和南宁等地来的，每次都有上万人。每年烧头香的时候，这里都是人声鼎沸、熙熙攘攘，虽然政府早已设计好交通疏导路线，但是交通依旧会陷入瘫痪，每次堵车都能堵上几个小时。

在如此盛大的庙会仪式上，人们除了能够寄托对神灵的敬仰，还能在民间文艺活动中

---

① 龚杏秀：64岁，大樟乡六龙屯人，三江口甘王大庙庙会组织成员。

找到信仰的归属与认同感。随着庙会的发展，民间文艺和群众文化活动也得以发展。而丰富多彩的民间文艺和群众文化活动的发展，又反过来对庙会的传承和发展起到了重大的作用。此外，甘王庙会的举办还能带动当地经济和文化的发展。

2. 游神：人神共娱，传播信仰

甘王信仰的另一种表现形式是游神。新中国成立后，在国家所倡导的破除迷信等各种形式下，游神形式在现代已不复存在，但是我们仍可以在书中和老人们的口中探寻痕迹。

在象州一带的游神活动中，师公扮演着重要的角色[23]：

每年农历七月二十八日为甘王（壮族最崇敬的神）的生日，各村联资举办，汉族亦有参加。请师公数人，在甘王庙作跳神之舞，也叫跳庙，给神洗脸更衣，上香上贡品，抬神游街串巷，鸣放铁炮。各家各户均燃香烛设供品燃爆竹迎之，还有某街巷组织拦街祭祀，由主持拦街祭者作主祭者，有唱礼者，有陪祭者。主祭念祭文赞颂甘王之词以及祈求保民平安地方清吉等等，念毕以火焚之，接着又由师公扮神跳甘圣侯王之舞。年年如此，直至解放为止，亦属年例之一。

金秀花篮瑶对甘王的"祭祀仪式以舞蹈为主，故称'跳甘王'；又因祭仪中要抬甘王塑像游田峒，故又称'游甘王'。……'跳甘王'祭祀活动以村为单位组织，由师公主持，每年一次，在农历每年年末到次年年初进行，从农历十二月二十九（月小则在二十八）开始。届时，全村男女老幼和各家邀请来的亲戚好友都着民族盛装参加祭祀活动"[24]。

翁柳斌先生在《象州祠庙知多少》中也有关于游神的描述："解放前，每年农历七月二十八日传说为甘王诞辰，人们将其塑像抬出游祭，规模盛大。每逢地方有自然灾害或瘟疫发生，群众也将甘王神像抬出，举行游神仪式，以祈灾避祸，求五谷丰登，人畜平安。"[25]

象州县百丈乡练石村的韦松英①曾在大樟任教，曾目睹过游神过程，也写过一些关于甘王的文章。据他说，每隔5年就由甘王大庙（即三江甘王庙）的元首们组织在秋末冬初的时候游甘王，也叫甘王出巡。他们把甘王及其手下的神像一一置于轿椅上，从三江大庙抬出，然后一村一村地游，村庄小的可以几个村联合承办。在韦老师所写的《甘王"出巡"》[26]一文里也有详细的描述："村里的百姓只包接不包送，游到哪一个村，就由那一个村派人到上一个村去，把圣像抬走。在去抬之前，村里先要把甘王的临时宫殿'建'好——用帐篷搭成能遮挡太阳和风雨的厂式大厅。让大庙的元首检验，合格了才能将圣像抬回。"圣像在每个村子一般只停三天，在这三天里人神共娱的节目是由道师来安排的。"开头这天先'请'诸位圣神驾临。第二天，再通过又唱又舞来叙述各位圣神的功绩。……第三天，由道师组成队伍下各家各户'扫瘟'。"他说："在当时的农村，农民都把这当做一件大事来对待，游到哪一村哪一村就像办大喜事一样，把亲戚都请到家里来做客。"

通过游神，参加仪式的村寨不仅能够展现自己对甘王的敬仰，寄托村民的美好愿望，而且拉近了各村寨之间的距离，也能彰显本村的经济实力和文化发展状态。最重要的是，

---

① 韦松英：象州县百丈乡练石村人，广西作家协会成员，曾在大樟乡中学任教，对地方民俗文化颇有研究。

神"走出"庙宇拉近了与人之间的距离,在人群中再次掀起信仰狂潮,这就增加了甘王的知名度,也是传播甘王信仰的途径之一。

(二)甘王信仰与村落社会秩序

广西地区的民间信仰多神,各地庙宇所供奉的神都有所不同,象、浔一带除了有甘王庙之外,还建有三界庙、雷王庙、关帝庙等。我们都知道,一个庙宇的存在与它所在的特定区域有着十分奇妙的联系,它可能是一个氏族、一个村共有或几个村共有的,而这样的一种所有权关系使得信仰会对它所在的村落秩序产生影响。

村落是在自然经济条件下的以血缘、地缘来维系的人类自发的结合体,是一个相对稳定、封闭的社会组织。在这个社会组织里,人们处在自给自足、无需与外界交往便能满足生产生活需要的状态下,其社交范围主要局限于本组织。但是,村落与村落之间的地域衔接、资源共享与争夺、婚姻互通等其他各种原因,却使得村落之间打破封闭状态,从而有了联系。

1. 神灵认同感与村落整合

"在村庄社会生活中,村落公共空间对村庄社会秩序基础的生成,即对村庄社会关联的孕育同样具有不可忽视的作用。"[27]甘王信仰是由村落社会共同孕育并维护流传,其能对其所覆盖的村落之间的关系起到了一个很好的协调作用,大樟乡甘王庙与其周围村落的关系就能很好地体现出这一点。

出于对甘王这个神灵的认同,该信仰圈里的村寨成员都有权参加神灵崇拜和祭祀活动。大樟乡甘王庙坐落在六龙屯附近的三江口,平日庙里的诸多事宜皆由附近村庄处理。只有在重大节日里,各个村里的庙会代表才会齐聚一起协力组织管理。但在最开始的时候,甘王庙却不是在现在所在的地方。

据大樟乡互助村古楼屯的罗秋英①老人说,以前的古车屯与古楼屯隔岸相望,最早的甘王大庙就建在河边。后来洪水暴发,大庙和民房被洪水冲垮,古车屯也不复存在了。现在的甘王大庙是由古楼屯、六龙屯、凤凰屯一带的人在离古车屯两公里远的三江山坡上重建的。由此,我们可以知道,在古车屯湮没之前,甘王大庙是由古车屯所有,后来成为古楼屯、六龙屯、凤凰屯共有。

由此,我们就有了疑问,为何洪水过后的古车屯就不复存在了呢?古车屯的村民们又去了哪里?

通过走访附近几个村屯,从老人们的口中了解到,古车屯并不大且又在河边,加之经常暴发山洪,古车屯的民众有些就迁到外面,有些则融入附近的古楼屯、六龙屯、凤凰屯。我们都知道,村庄社会的整合会使村庄社会内部发生各种互动,但古车屯的村民融入附近村屯,并没有引发附近村屯抵抗,这令人非常惊讶。据调查,古车屯、古楼屯、六龙屯、凤凰屯最大的姓氏是罗氏,称是甘王的直系后代,但没有族谱资料可以佐证。罗秋英老人也说,大家都是甘王爷的后代,罗姓在这附近是大姓,古车也姓罗,大家都是本家,也就没有那些排不排斥之类的问题。据调查,这几个屯,在行政上同属于大樟乡互助村委会,林地资源分

---

① 罗秋英:72岁,大樟乡古楼屯人,原三江口甘王大庙庙会工作人员,现为甘王始祖庙古车大庙庙会组织工作人员。

割明显不重叠，亦没有共有经济地带。如此一来，也就没有冲突和排斥的缘由了。

由此我们可以看出，在村庄的整合中，甘王信仰起着不可忽视的作用。在甘王信仰的神灵认同感下，古车屯得到了古楼屯、六龙屯、凤凰屯的认同与接受，而古车屯也在甘王信仰中找到了归属感，所以一切变化就显得那么顺其自然。而其他分散的村落、族群力量在共同的甘王崇拜和祭祀活动中得以整合，形成了一个文化共同体。共同的信仰崇拜及祭祀活动使得各个村落、族群成员的关系变得更密切，增进了村落、族群及不同团体间的团结与认同，维护了社会安定。

2. 正统地位的争夺与村落冲突

民间信仰既可以反映村落族群的内部冲突，也可以诱发这种不和谐的因素。在村落与村落关系里，占主导地位的往往是族群关系。在甘王信仰的祭祀圈内的村落大多是异姓杂居，族群观念的不同必然使得不同村落之间出现既和平又冲突的局面。

我们知道，在利益的驱使下，"社会总是处在对稀有资源的争夺状态之中"[28]——修建神庙这种带有功利性的民间信仰行为，显然会在族群村落里会引发新的竞争与冲突。

2013年9月2日（农历七月二十七），笔者前往大樟乡甘王庙，在途中遭遇了两次来自不同庙宇的工作人员的拦截。一派来自大樟乡三江口甘王大庙，这是这些年附近村民一直祭祀着也是从古车屯迁出去的甘王庙；另一派则来自甘王始祖庙古车大庙，是由原同属于大樟乡三江口甘王大庙历史研究会的工作人员在原古车旧址上另起的新庙宇，以下简称为"旧庙""新庙"。

新庙庙宇打算建在古车甘王庙旧址之上，但笔者前往时却只见到在一片废墟上简单地搭了一个棚，几张桌子拼成的临时神台上摆着各种各样的祭祀品，连甘王的神像也仅用一块贴着写有"甘王之座位"的木板代替。据新庙的甘王历史研究会会长吴绍仪①介绍，甘王始祖庙原本就是在这个地方，他们应广大民众的要求重建甘王庙于此地，而这个庙原本打算在甘王诞辰到来之前就建好的，可是在动土挖基等各项工作上都遭到了六龙的人前来搞破坏，以至于这里只能那么简陋地布置。

但是经走访调查，大多数人都对建新庙这一事毫不知情，也只是今天要来祭祀了才知有这一出。

而对于另建新庙这一做法，旧庙甘王历史研究会会员六龙屯龚杏秀老人却这样说："下面那些人原来也在这个庙工作，这几年香客们的捐款被他们拿走了，那有二十几万，他们想见这样得钱，就用那点钱在下面再另建一座庙。除了这样，他们还想从这里把那些旧门墩偷走，但是运到坡下的时候被我们发现并没有得逞。"

在大樟以外的各个地区都建有众多甘王庙，各地同类庙宇都予以支持和认同，但是为何新旧庙会发生如此巨大的冲突呢？笔者认为这种冲突不是偶然的，而是在以利益为基础的对甘王庙宇的正统地位的争夺。各处甘王庙并没有庙产，修缮、举办庙会等日常维持所需的经费大都要通过庙会香火钱筹措，经济利益因素使得原来的甘王历史研究会内部发生冲突。新旧庙双方各执己见，于是便出现了相互诋毁，甚至形成以六龙屯和古龙屯为代表的村落冲突等现象，我们只能隐隐地嗅到其中的"硝烟"味道，根本无法判断谁对谁错。

唐晓涛在《甘王神形象的变化及其正统化过程》一文中最终证明"到了清后期，大

---

① 吴绍仪：甘王始祖庙古车大庙庙会组织"甘王历史研究会"会长，新庙筹建组织者之一。

樟乡古车村的甘王庙已被称为甘王'祖庙',最终确立了其作为地方正统化标志的至尊崇地位"。也就是说,旧庙拥有正统地位且被大家所接受,而新庙要建在原来的古车屯旧址之上,就在古楼屯对面,离旧庙只有两公里远。新庙要拥有存在下去且被大家认同的方法就只能是争夺庙宇的正统地位了。而旧庙虽有正统地位,但新庙一旦建成势必会造成旧庙利益的损失,所以新旧庙的冲突也一直在上演,而这对社会秩序的稳定构成了严重威胁。

结 语

甘王信仰是整合社会结构、丰富社会生活的重要资源。集体修建神庙和公共祭祀活动不仅加强了村落、群体之间的认同与凝聚,也通过信仰仪式的表现形式丰富了社会生活。在社会个体成员融入社会群体的过程中,甘王信仰的伦理教化作用,又使得村落成员在潜移默化之中达到行为的规范统一。甘王信仰没有明确的教条、戒律及严格的组织管理系统,却能深入民众的日常生活中,可见其具有厚重的群众基础。

同时,甘王信仰也是社会秩序控制的重要手段,村落首领、行政机构及庙宇组织可以利用甘王神的神圣权威强化自己在社会中的地位,其深厚的群众基础也是社会稳定的重要因素。甘王信仰的历史流变体现出了民间与官方力量相互作用下信仰的顺利传承,而在民间传说流变中诸多分歧的出现说明民间主导力量在社会控制方面存在缺陷,加之近年来利益影响下的庙宇正统地位的争夺引发了的村落冲突,要求官方力量要加强对民间神灵信仰负面作用的重视。

如何中和甘王信仰的"阴、阳"两面,充分利用其积极影响来为村落建设服务,笔者认为要从以下几个方面下功夫:首先,必须要通过教育、宣传手段提升村民的个人素养,加强村落的精神文明建设,改变做事重利而为、利用民间信仰牟利的不良风气。其次,政府应积极介入调解共同信仰下社会组织的内部矛盾,宣传法律法规、弘扬科学思想,有必要介入庙宇权力管理,对其运行工作进行积极引导。最后,要保护好当地历史文化传统,将其纳入市场社会经济体系,发展旅游资源,带动地方经济发展,以构建一个良好的社会秩序。

注 释

[1]王象之,李勇先.舆地纪胜(卷105)[M].成都:四川大学出版社,2005.

[2]广西通志(卷41)[M].台北:台湾学生书局,1965.

[3]象州志(卷4)[M].故宫珍本丛刊.海口:海南出版社,2001.

[4]广西通志(卷21)[M].康熙二十二年刻本.日本京都大学图书馆藏近卫本影印本.

[5]广西通志(卷42)[M]//四库全书(第566册).上海:上海古籍出版社,1987.

[6]象州志(卷4)[M].故宫珍本丛刊.海口:海南出版社,2001.

[7][19]钟文典.太平天国起义与乡土宗教[J].广西师范大学学报(哲学社会科学版),1988(1).

[8]朱碧光,孙亦华.壮族师公舞中的"三十六神七十二相"考[J].民族艺术,1988(1).

[9][12]刘策群.象县志[Z].民国三十七年(1948)铅印本.

[10]象州县志编纂委员会.象州县志[Z].北京:知识出版社,1994:661.

[11][22]唐晓涛,赖明宗.甘王神形象的变化及其正统化过程[J].广西民族师范学院学报,2011(4).

[13][21][24]赵焕春.花篮瑶"跳甘王"祭仪及其音乐[J].广西艺术学院学报,2007(6).

[14]桂平县志(卷15)[Z].民国九年(1920)铅印本.

[15]蒙培龄.重建弩滩上水甘王庙碑记(同治十一年)//桂平县志(卷49)[M].台北:成文出版社,1968.

[16]武宣县志(卷3)[Z].民国二十三年(1934)铅印本.

[17][26]象州县史志办公室.象州史志[Z].2009:56,67.

[18]林继富.神圣的叙事——民间传说与民间信仰互动研究[J].华中师范大学学报:人文社会科学版,2001(6).

[20]唐晓涛.神明的正统性与社、庙组织的地域性——拜上帝会毁庙事件的社会史考察[J].近代史研究,2011(3).

[23]中国民族民间舞蹈集成·广西卷[Z].象州县文化局文化馆编印,1985:21.

[25]象州县社会科学界联合会.象州论坛[Z],2011:38.

[27]曹海林.村落公共空间:透视乡村社会秩序生成与重构的一个分析视角[J].天府新论,2005(4).

[28][美]戴维·波普诺.社会学:第十版.[M].李强,等,译.北京:中国人民大学出版社,1999:110.

顺世而生又异世而立：
陈柱《学术世界》与章太炎《制言》比较研究

政史学院历史学 2009 级 覃宏愿

指导老师 刘小云

摘要：《学术世界》为近代著名学者陈柱创办的学术期刊。《制言》为章太炎所创苏州章氏国学讲习会的会刊。在时局动荡、新旧学术冲突、近代出版业迅速发展的背景下，二人力排筹资、选址、印刷发行的办刊之困，获得各界友人的鼎力支持而创刊。又凭借着"论学书信""先贤悼文、遗著"等特色栏目，于当时汗牛充栋的私人创刊中独树一帜。陈柱与章太炎，一位追求纯粹自由之学术民主，一位致力于学术传承和读经救国，但殊途同归，借助《学术世界》《制言》集中体现出来。

关键词：陈柱，《学术世界》，章太炎，《制言》

引 言

陈柱是民国时期著名的广西籍诗人、学者、教授。近年来，对陈柱的研究越来越多。其中，《陈柱学术年谱》[1]《陈柱年谱》[2]以陈柱出版书作及重要诗文为依据，将其生平予以陈列展现，也有刘小云的《陈柱生平事略》[3]从家世师承、教学著书的角度丰富陈柱的生平。对陈柱学术精神、文史成就的研究有赵棚鸽的《论陈柱〈粤西十四家诗钞〉的学术精神》[4]、邹初英的《论陈柱对公羊家革命学说的近代重构》[5]，将陈柱民主、平等的学术追求和丰硕的学术成果展现于世。此外，还有刘小云所著《陈柱和陈衍、唐文治的学术交往》[6]等，挖掘出了陈柱及其师友的学术空间。

《学术世界》为陈柱最后十年所创学术期刊，对它的研究或以其为主要出发点却鲜有人问津，较详细的有韦妙娜的《〈学术世界〉的特色和影响》[7]。《学术世界》传达了陈柱平学术交流、迫切传承的志愿和隐忍的民主追求，是深入研究陈柱其人其学其思、进一步拓展陈柱研究深度广度的重要史料。

相较之下，目前学界对著名革命家、思想家、国学大师章太炎的研究可谓名目繁多。关于章太炎的生平，有自传《章太炎先生自定年谱》[8]。由于其广泛的影响力，后辈学人亦为其著有年谱传记，如汤志钧编《章太炎年谱长编》[9]等，皆以年谱形式展现了章太炎革命与治学的一生。关于章太炎的思想研究开始得早，近年又步步深入，几乎到了新的高度，代表性的著作有姜义华所著《章太炎思想研究》[10]等。章太炎三次国学讲习会的创办与沿革也是学术界研究的重点，而近年来对于国学讲习会中所出现的"章门弟子"这一群体的研究也逐渐增多。主要的著作有刘克敌、卢建军所著《章太炎与章门弟子》[11]等。关于章太炎教育思想的研究主要有刘春蕙的《为实现教育救国的抱负呕心沥血——章太炎的教育实践与教育思想》[12]等。

对章太炎所创《制言》的研究，钱鸣硕士学位论文《苏州章氏国学讲习会的教学特色及学术影响》[13]中有提及，而未进行专门研究。

《学术世界》与《制言》多有异同难辨之处，同筹办于自由民主缺失、民族危亡的时代和传统文化向新文化过渡的学术背景下。其突破私人办刊的种种困境，凭借着"论学书信""先贤悼文、遗著"的刊目特色在当时汗牛充栋的私人创刊中独占鳌头，是进一步研究陈柱学术成果、重塑其民主形象和丰富章太炎研究的重要史料。笔者欲将《学术世界》与《制言》进行比较研究，进而由表之学刊及里之学人，以窥陈柱、章太炎二人"殊途"却同归、顺世而生又异世而立的学术思想和政治诉求。

一、《学术世界》与《制言》的比较

（一）陈柱与章太炎

陈柱（1889—1944年），字柱尊，号守玄，广西北流人，民国时期著名教授、学者、诗人。平生著述甚丰，治学涉及经史子集，又好诗文书画，深受学界前辈及师友们的推崇和赞赏。章太炎（1868—1936年），名炳麟，又名绛，字枚叔，号太炎，浙江余杭人，是中国近现代史上一位成就突出的资产阶级民主革命家、思想家、国学大师。

陈柱与章太炎的交往可谓"起始于政，发展于学"。1912年民国初建，陈柱参加共和党参议政事，识得章太炎。1913年，陈柱既敬仰章太炎思想学术之高超，又佩服章太炎民主革命之功绩，故以学政为由书章太炎。章太炎亦欣然著《与陈柱书》予以回复[14]：

苏、陈二君鉴：

来书称誉，愧愧克当。所论康、梁可用，鄙意亦以为然。惟湖南举梁为学部，实非其任。梁之学术，率由剽窃。用之，虽东瀛人士亦笑矣。鄙意康君可在元老院许占一席，梁君亦可任交通事。若选用人材，视乎众议。鄙人所论，未审群情允洽否也。书此并问起居不具。

章炳麟顿首，初八日。

可见二人交往始于参政。不过细探之下，陈柱虽参与国家大议，其才不在政，所言不过文教。陈柱自知，不久脱身于政，一心治学。章太炎亦知，于政不予趋同，于学却颇为赞誉。

20世纪30年代，陈柱、章太炎皆活动于江浙，二人学术上的交流日渐繁多。1933年，唐文治邀章太炎至无锡国专讲学。《李源澄先生年谱》中有载[15]：

3月13日至14日，章太炎应无锡"国学专修学校"校长唐文治先生之聘，从苏州到无锡来讲学二日。同车来锡的有蒙文通、陈柱尊、陈石遗、诸祖耿等先生。唐文治治汉学，重训诂，章太炎治末学，中义理，二人均有容人雅量，互敬互重。

陈柱作为唐文治的左膀右臂，陪同章太炎于左右。同车来锡，必有交流。同年十月，章太炎再赴无锡国专讲学。两次讲学内容由章氏弟子诸祖耿记录，后分别刊载于《制言》第 54 期和 57 期。

二人的学术往来融于众多学人的交往中。受教于章太炎的蒙文通，与陈柱同事于无锡国专；与章太炎志同道合的陈石遗，于陈柱有"伯乐"之恩。值得一提的是陈柱友人李源澄的推动之功。1935 年，李源澄与章太炎多有书信往来。正值《学术世界》创刊，独辟蹊径开"论学书信"一栏，刊章太炎《答李源澄二首》于第 1 卷第 2 期，《答李源澄论戴东原原善孟子字义疏证书》于第 1 卷第 7 期，尽展思想碰撞与交融。

（二）《学术世界》和《制言》创办的背景、条件

1. 时代及学术大背景

所有学术问题、学术载体和学术人物，皆存于特定时代中，并与之交互影响。刘梦溪有道："鉴往可以知今，前瞻性的思考的真理性往往即深藏对往昔的回顾之中。特别是一个民族的学术思想，是一个民族的精神之光，特定时代学术精英的活动，往往蕴藏着超越特定时代的巨大信息量。"[16]

鸦片战争以后，中国遭遇"三千年未有之变局"，逐步"沉沦"为半殖民地半封建社会的同时，亦于"救亡"和"启蒙"等"上升"力量促进下，始由传统社会向现代社会的转型。[17] 而中国近现代学术发展即为中国近现代化中不可缺少的一部分，正是在新旧冲撞、东西舍取和民族运动与民族情绪的激发中前进的。

当代史学家逯耀东道："民族运动的掀起，民族情绪的抒发，是对外来刺激的反应。但外来刺激如果没有遇上本土学术的波动，不过是一池春水中的涟漪，是无法掀起滔天巨浪的。"依附政治才长久发展之传统经学，至晚清遭遇困境而步入穷途，开始松动且在结构解体中挣扎，完全失去其原有的绝对权威地位。"当绝对的学术权威失势后，学术领域的讨论和研究有一个较大的自由空间。"在辛亥革命改变了中国两千多年的统治形式后，却未出现一个强有力的统治权力，所以纵然经济窘困，却为学术领域的讨论和研究留下一个现实政治低干预的自由发展空间。[18]

此自由空间的抽象形式即为学术派别、学人群体，具体形式则为兼容并包的各式院校、私人讲学、学术机构、学术刊物。而学术刊物可以说是展现思想交融、学派对峙、学术成果并传播开来最直接的形式。

2. 报纸杂志的发展

同时，学术刊物运作是在近现代新闻出版和书报业的推动下完成的。

中国近代报刊发端于 19 世纪初期外国传教士和一部分商人（主要是鸦片商）创办的一批中外文报刊。一批关心祖国命运的知识分子从中意识到报纸的传播功能和对社会舆论的作用，纷纷创办报刊，探索中国富强之路，揭露外国侵略者给中国带来的种种灾难，抨击外报干涉中国内政的行为。从 19 世纪 70 年代开始，中国人自办的报刊冲脱了封建官报公告性的框框，进入了近代报刊时期。[19]

抗战前十年，正为南京国民政府"十年建设，十年生聚"时期。客观言之，彼时中国社会在某些方面确实取得了一定进步，其中以报纸、期刊等为代表的大众传播也在清末以后既有的基础上得到发展，表现为新闻立法的日趋完善、新闻教育的广泛开展、各类通讯

社大量兴起、报刊数量迅猛增加等。单是期刊在总体上就呈现两个特点：一则期刊报纸通俗化、大众化特征渐明显；二则分类趋于成熟，各种性质、类别的杂志报纸泾渭分明。内容涉及政治、经济、学术、文化艺术等各种门类，学术类有国学、历史、教育、化学、物理、医学等。[20]

至《学术世界》和《制言》创办的20世纪30年代，亦有两个趋向：其一，期刊始注重质量，使销售范围大为扩大，《制言》《国学论衡》《艺浪》等均行销全国。《制言》于"投稿简章"第二点即明确"与本刊性质不和之稿概不刊登"，言下之意即严格秉承学术交流性质，着眼于开启民智，"负起学术先导的责任"。故随着"章氏国学讲习会"名扬海外，远销日本、越南等地。同样，《学术世界》严守纯粹高质的学术性，从其内容排版上看，条理清晰、简明干练，绝不落通俗杂志之俗，在出版界中享有盛誉。其二，重视国际国内形势的学术情况，变化形式。《学术世界》亦呈现出此趋势，每期必有"世界学者介绍""世界学术消息"。陈柱感慨曰："不识世界学术之进步而不能以之相告"，即我学术研究之弊，"此优胜劣汰之理，无可逃者"。[21]

其实对于中国近代出版业来说，《学术世界》和《制言》诞生的1935至1936年，即为中国近现代出版业的高峰年代。[22]

3. 个人经历

在这样的大背景下，《学术世界》和《制言》的筹办必须具备一定的条件。陈、章二人的个人经历即首要助推条件。

陈柱其实也是个"入世"之人，与很多近现代知识分子一样，刚开始陈柱有外显张扬的救国之志。1912年，陈柱曾投身于革命。《待焚文稿自序》中曰："回忆弱冠之年，未尝不有志于事功，颇从事于革命……柱亦滥厕其间，参与国家大议。"时政党大热，中华民国成立后，陈柱一度加入共和党。但不久袁世凯专政，虽其欲曲意交亲，但章太炎等人不为其下，再创统一党。而陈柱自共和党改为统一党，遂脱籍而出，后"寻以南社社友多加入国民党，遂为国民党员"，但不久"党争日烈，内战以起，遂不复问闻"。对于国民党的日益腐落，章太炎也极为敏锐，不满国民党之用人用事，只可惜往往无所泄愤。

之后二人皆迎来转折。陈柱自不再问政，"知屋漏者在宇下，知政失者在草野"，致力于学术、教学和家乡的建设。但政治又一次找上他，《待焚文稿自序》载："民国十年，粤军攻桂，刘震寰军与之合，克梧州"，时桂军第某路司令刘震寰要求陈柱为军师，陈柱谢曰："当今天下滔滔，拥兵割据，孰能有用于书生迂阔之谋者哉？"并借以表其志："吾方有江南之游，未皇军旅之事也。"遂应唐文治之聘，自此后不复有用世之志，于江浙一带专注学术与教学研究，从追求"政治民主"变为探寻"学术民主"。故陈柱在蒋政的舆论高压下，在抗战前的硝烟弥漫下，仍创办纯学术交流的《学术世界》，也就不难理解了。

相较于陈柱佝偻心境的避之而不及，章太炎于政，依旧不受羁縻，欲凭学术以攻之。故对于袁世凯的授勋，其一面出任筹边使，一面高谈阔论。此渐为袁世凯不耐并将其幽禁，致使一切从游者皆不得见。章太炎以为此极苦，每与弟子黄侃书，皆赫然署名"待死人章某"，并有慨然曰："吾死，诸夏文化亡矣。"待到袁世凯死，乃释出，继而更为主张读经救国，读经即为其救国之曲径。

1934年的章太炎已经历七次追捕、三次入狱，对投身政治多少感觉有些倦怠。加之其已老体病弱，甚至有在他人大婚当日突而昏厥一事，更让各界学人觉察太炎先生身体情况不比从前。故在章夫人的主持下，于锦帆路置产，举家迁苏。[23]虽章太炎欲修身静养，但仍不可避时政之牵绊。时蒋介石为政，以政府名义送以万金，名曰作养疴费用。章太炎便以"取诸政府，还诸大众"方法，于自家置席，创办"章氏国学讲习会"和"制言半月刊"。[24]

诚然，章太炎继前三次办学后，再次办学，也与其一直以来以"民族革命的大导师"自居有不解之缘。因其对待治学就像对待革命一样，充满激情，百折不挠。于其观之治学与革命，二者的目的皆一致，"革命不忘治学，治学必须革命"。[25]黄侃在《太炎先生行述记》中说："其授人国学也，以谓国不幸衰亡，学术不绝，民犹有所观感，庶几收硕果之效，有复阳之望。故勤勤恳恳，不惮其劳。"

4. 办刊的环境

上海和苏州有利于出版业发展的社会环境、传统风气，是《学术世界》和《制言》创刊必不可少的条件之一。

彼时陈柱任教于上海交通大学，《学术世界》即于1935年在上海创办。上海是近代出版业的繁盛之地，早在近代报刊兴起之初就已为报人竞争之地。特别是南京国民政府成立后，随着全国大众传媒的发展和文化中心由北京向上海的南移[26]，报刊发展鼎盛一时。虽然南京国民政府于1930年12月颁布舆论控制的《出版法》，但私人办刊仍如雨后春笋，知识分子中更是形成了浓厚的出版情怀。

上海交通大学亦颇有办报办刊的传统，早在1899年，担任南洋公学校长的美国人福开森任用总务汪汉溪为总经理，自任监督，接办《新闻报》，成为当时《申报》的强劲对手。[27]20世纪30年代，上海交通大学与《申报》有着更为密切的合作关系，招标计划、招生简章、留洋学生名单等重要校务公告常见于《申报》。同时，校内亦有《南洋友声》《交大三日刊》等重要期刊，单在《学术世界》创办的1935年就有《科学通讯》《数学杂志》《中国数学会刊》等刊物。[28]1930年，陈柱就曾为上海交通大学学生会所办《交大周刊》之文艺栏指导。后陈柱编辑《学术世界》亦时有转录以上期刊之文章，如《容纯甫先生传略》即转录于《交大三日刊》。除上海交通大学外，陈柱曾任教的大夏大学、暨南大学等亦有悠久的办刊历史和丰富的校办刊物。

《制言》所在的苏州"地处东南沿海，水陆交通便利、对外交往频繁，因而易得风气之先"，使大量新式报刊涌入，以致视野开阔，实现了开放，闭塞视听的窘境被打破。且其经济文化历来发达，有"人文渊薮"之称。故自清末以来，其新式报刊的发展就一直处于全国前列。[29]特别是20世纪30年代以后，苏州政府始办"民众教育"，广设"阅报处"。读报阅刊在当时十分普遍，以至于读者"在电车上，在商店里，在游戏场中，在茶馆中"，皆手不释卷。这样形成的兴学氛围又促进了报刊业的进一步发展。据《苏州市志》载，此后至北伐战争胜利前，苏州本地先后创办过40多种报纸、70多种期刊。不仅在数量上，而且在办报宗旨、版面编排、信息容量、运作方式和发行量上都较以前有了很大进步。

5. 办刊经费、地址、印刷发行问题

资金的筹集、编辑地点的选择，以及刊印发行，都影响着刊物能否顺利发刊。对于"兴来即办"的私人办刊而言，由于实力弱小，呈现出被动筹资、就近选址、刊印依赖的特点。

私人办刊的资金来源主要有个人积蓄、依靠出版机构和教育机构支持、社会筹资广告收入等途径。

陈柱时任教于上海交通大学、中央大学,之前也曾任教于大夏大学、暨南大学、光华大学、无锡国学馆等。且陈柱出版过不少书著,如《中国学术讨论集》《周易论略》《陈柱尊丛书》《公羊家哲学》《诸子概论》等十余本。多年的任教及出书经历使陈柱储蓄有一定薪资,这成为办刊的经费来源之一。这样的情况在当时的私人办刊中其实并不少见,如李源澄即有"以个人在'无锡国学专修学校'的薪资,创办学术刊物《论学》"[30]。

但又因时局动荡、安身立命之钱尚且不足,加之陈柱嗜书、酒,个人积蓄总显微薄。上海世界书局的陆高谊给陈柱以坚实的支持。世界书局自1934年陆高谊临危受命任总经理后,出版方向趋于理性和务实。在古书整理和学术研究出版方面,陆高谊即秉承高质量、便学习的原则。通俗作家程小青说:"世界书局在陆任内,出书更趋纯正,信誉渐著,对于商务、中华似颇有后来居上之势,他的一些比较认真一点的作品都是在陆任内出版的。"[31]之前陈柱书作多出版自上海商务印书馆、上海群众图书公司等,与世界书局合作则鲜有之。此时与世界书局的合作体现了陆高谊给陈柱提供支持的诚意。而刚刚壮大起来的世界书局,一手坚持大众读物的出版,一手发展高质量的古典文艺作品、教辅书籍和学术刊物,以"以书养书"的模式支持着《学术世界》等纯学术刊物的长久运作。故《学术世界》的征稿启事中即有"委托世界书局印刷发行"[32],其刊务信息亦有,出版者为《学术世界》编辑社,而发行所为世界书局。

可以说,陈柱与陆高谊一直保持着良好的合作关系,黄宾虹就曾请陈柱为介,向陆高谊出售字画,其于1935年《与陈柱》书中道:"有正书局东家近以年老,拟将招牌存货出盘,世界书局陆高谊君处有意承受否?可以分期付款。希公便一之。"[33]可见陈陆二人之熟稔。

相较于《学术世界》倚靠出版机构的支持,《制言》则是依附于苏州"章氏国学讲习会"发展的。《制言》本为其会刊,故不论是创办的资金、人员、地点,都是与"章氏国学讲习会"相依仗的。实际上,自1934年章太炎到苏州定居,始筹办"章氏国学讲习会",由于校舍、资金等"硬件"方面的原因,只得先办"章氏星期讲演会"。《章太炎:在苏州国学讲习会的讲稿》导言即有"1935年章太炎以年老体弱之身在苏州再办章氏国学讲习会,而在其筹办期间组织章氏星期讲演会"[34]。同时,章太炎也有个人积蓄的投入,《章氏国学讲习会简章》载:"本会为章太炎先生讲演国学而集合,又其经费由章先生负责筹集"[35]。但是,章太炎个人积蓄并不多,章夫人汤国梨曾直言:"关于择配章太炎,对一个女青年来说,有几点是不合要求的。一是其貌不扬,二是年龄太大,三是很穷。"[36]故支持"章氏国学讲习会"及《制言》的资金主要来自于南京国民政府的那笔万元医疗费。

此外,《制言》也向社会筹资,当苏州章氏国学讲习会筹立的消息传出后,出于对章太炎的仰慕和尊敬,社会各界名流都对讲习会进行了赞助。在《制言》首刊中所登《章氏国学讲习会徵求会员》一通告中即载有66位赞助人,其中著名的如段祺瑞、马相伯、吴佩孚、冯玉祥、黄炎培等。后在章氏国学讲习会开办期间仍不断有赞助。

除了以上筹资方式,还有其他一些筹资方式,如刊登广告。但是,正如前文所言,《学术世界》的运行模式是稿件编辑与发行印刷分开进行的。刊登广告属于世界书局的管理范围,《学术世界》报务栏中的《本刊广告价目》中即提到"欲登者请向上海大连湾路世界书局推广科接洽"。由此观之,《学术世界》刊登广告所得并非入陈柱之手,而是并到世界书局,再在整体上支持《学术世界》的发行和推广。《制言》由于本质上作为苏州章氏国学讲习会会刊,且拥有万元经费的支持,刊登商业广告反而显得画蛇添足,意义不大。直到抗战开始、章氏国学讲习会转型后才开始渐渐有广告的刊登。

资金的问题在期刊发行后,也会得到一定的回拢。特别值得一提的是,两刊在售价上都采取了"薄利多销"的方式。《学术世界》每期零售大洋二角,预定全年12期仅为二元。《制言》每期零售一角五分,预定半年只需一元六角,预定全年只需三元,便宜了足足六角钱,颇为划算。但在时局动乱的年代,读者预定半年全年的可能性很小。

编辑处的选址其实与资金的多少有一定联系。《学术世界》的发行及印刷由上海世界书局负责,但是编辑的任务并不在世界书局,陈柱则是《学术世界》的主编辑,所以编辑处选址的标准就从易从简,定在了"上海海格路1954号"。"上海海格路"即为今之上海华山路,在1921年到1943年间名为"海格路",是上海公共租界越界筑路之一、上海法租界西面的界限、英美法侨民和当时社会上层人物的主要聚居地,如303弄16号曾为蔡元培所居。在抗战前期的风云涌动中,此为《学术世界》的出版提供了安全自由的环境。更重要的是,"上海海格路1954号"实为"上海交通大学恭绰馆"所在地,且有海格路1103号、1105号、11107号即为上海交通大学校外宿舍。[37]陈柱1930至1940年任教于交通大学分部,任国文系主任一职。上海交通大学即在上海海格路分给陈柱寓所,从1933年冯振所著《应交通大学聘将与柱尊同事同寓于母校柱尊赋诗见寄次韵酬之》[38]可见之。所以,《学术世界》的编辑社即为陈柱在上海交通大学的住处,这样一方面节省了资金,另一方面符合从易从简的标准。

正如《学术世界》"编辑处跟着创刊人走"的模式,《制言》早在选寓于苏州锦帆路五十号时就已尘埃落定。1934年,章太炎至苏始居苏州双树草堂,后有织机厂房,终日声音喧耳。次年章夫人赴苏,调侃太炎先生"革命、讲学是大师,但治家就不懂了",后置产环境清幽的锦帆路。由于依附于章氏国学讲习会,《制言》的编辑与发行一并在锦帆路五十号。

但《制言》的印刷就不是章氏国学讲习会所能承担的。《制言》的印刷者是苏州文新印书馆。苏州文新印书馆原名文新印刷公司,创办于苏州,是苏州当时规模最大、技术力量最强的民办印刷厂,承印过《太湖流域水利季刊》《新劳农》《吴江教育》《论经史儒之分合》等书刊。同时期,文新印书馆还为章门弟子的著述代印,如民国二十五年(1936年)代印汪柏年的《尔雅补释》。不同于上海世界书局为综合性的出版公司,文新印书馆专门从事印刷业务的书刊印刷机构,此类民办的印刷机构只有小部分专印书刊,大多是兼印书刊。

6. 人事的帮助

《学术世界》和《制言》的创办在人事上也获得了多方支持,商政名流的资金支持、学界友人门生的帮助、家人的支持以及陈章二人间的互助。

商政名流如前文提到的陈柱得到了陆高谊的支持,章太炎得到蒋介石的资助和段祺瑞等的赞助。此外,学界友人和求学门生以及家人的帮助也是必不可少的。

学界友人和求学门生的帮助主要有三个途径:

一是稿件的提供。纵观《学术世界》的撰稿人群体不难发现,唐文治、陈中凡、钱仲联、黄宾虹等都是与陈柱平日学术往来频繁的学界友人,他们给《学术世界》提供了绝大部分稿件。黄宾虹给陈柱的书信即提到"《学术世界》杂志滥竽拙作……兹仍将原本寄奉,略校,落叶谅多,请公随时批削之为幸……如不嫌拙劣,可多作分赠友人也。"[39]吴宓也曾直言:"苟有篇章,或文或诗,任何刊物,皆愿投登。"[40]《学术世界》曾启示:"本刊蒙各大著作家惠赐鸿文,无任感谢。"[41]《制言》更是以学坛友人、海内名流为特约撰稿人,有黄季刚、钱玄同、汪旭初等数十人。

二是编辑管理上的帮助。章太炎创办《制言》时已是老体病弱,章门弟子多有帮助,特别是孙世扬,在报务上屡见其身影,任劳任怨,甚至起到至关重要的作用。《学术世界》的编辑并非陈柱一人能力之所及,其在"征稿启事"中曾袒露:"本刊原为同志数人所创办。"[42]

三为购刊读刊的支持。吴宓在《与陈柱尊教授论学术世界书》中道[43]:

至其书及学术世界,清华园图书馆,早皆购置。学术世界,弟按期细度。并于谒见张孟劬先生时。互相质论。以公精力弥满,肆外闳中,积久益强,实堪心折,此志在今之出版界,真如凤毛麟角,更祈公能为此于不坠也。

吴宓此时与陈柱已阔别十余年,但《学术世界》仍可获吴宓如此恳切之赞誉,可见其对陈柱与《学术世界》之关切。

家人的支持可以说是学刊创办的后盾。章太炎虽然是章氏国学讲习会的创办人,但是对于会务,其是不干涉的,由章夫人里里外外负责打理。《学术世界》的撰稿人中陈一百、陈千钧、陈松英等,陈柱的家眷们给予了很大的支持。但不幸的是,1934年陈柱元配夫人杨静玄去世。[44]次年母亲杜坤元去世。这都给陈柱带来了不小的打击,影响他的心境。

此外,不得不说的还有陈柱、章太炎二人的相互支持。在《制言》创刊的第1期《赞助章氏国学讲习会书札》中第五则即为:

巡覆者拜奉:

迳函敬悉一是,太炎先生皓首穷经,人伦师表,诸先生发起讲习会,宏开绛帐,作风雨之鸣鸡,挽狂澜既倒,无任赞同之至。专复,顺颂

大安!

陈柱顿首
七月三日

由此可观陈柱对章太炎办刊创会的鼎力支持。同时,章太炎虽鲜刊文于《学术世界》,却同样看重陈柱的学术造诣,身体欠佳,却执笔躬亲,手书《与陈柱尊论康梁书》,欲与陈柱探讨一二。此珍贵手书后被陈柱珍藏于其"北流十万卷楼"。太炎先生去世后,又将其刊于《学术世界》之上,以表哀思。由此不难看出陈、章二人于学术、于教育上的相互支持和帮扶。

总而言之,《学术世界》和《制言》这些近现代学术与知识分子的生存空间实在来之不易。章太炎被称为民主战士,但其在政坛上并非一帆风顺,可谓夹缝生存,这也直接导致其所致力的学术之路存在波折。相较于章太炎的困境,陈柱的讲学创刊就较为平顺。但"非淡泊无以明智,非宁静无以致远",这也体现在《学术世界》的字里行间。在民国的政治骚动、学术前景未卜、时局动荡的年代里,学者们的一举一动皆不由自主却不得不为。讲学、创刊,在今日看来妄以为是旧式文人的固雅清高,却不知是老先生们夹缝中的

泪血抗争。

二、《学术世界》与《制言》的办刊宗旨及特色栏目比较

（一）《学术世界》的办刊宗旨及特色栏目"论学书信"

1. 《学术世界》的办刊宗旨

《学术世界》是陈柱创办的为数不多的刊物中学术影响最大的一个。《学术世界》的创刊与终结折射着他锲而不舍的学术追求和隐忍难辨的民主希冀。

研读《发刊言》，可得"学术世界"之"世界"有三层含义：一则，《学术世界》重视与世界学术界的交流，每期必刊"世界学术消息"一栏。陈柱愤呼："不识世界学术之进步而不能以之相告"，即我学术研究之弊，"此优胜劣汰之理，无可逃者"。二则，"盈世界皆学术"，"世界"即为学术之天地，拒绝其他。这就严格定义了《学术世界》的性质，非综合性、政论性期刊，而是专业性学术刊物。三则，此皆学术的世界，各方家皆可自由畅谈于其中。陈柱在《发刊词》中大量引用前圣名言：有朋自远方来，不亦乐乎""以文会友，以友辅仁"，以呼"今本《世界》之空虚，亦如世界然。深望世界学者以学术嘉惠本《世界》也"。总而言之，陈柱秉承学术民主之精神，《学术世界》的宗旨即为竭力为追求共享世界学术知识的学者创建交流的学术世界。

学术民主之精神，此为陈柱所一心追求的，其曾曰："拙编以提倡气节，鼓吹学术为主旨。"[45] 故虽政治上的民主不可得知，但学术民主是陈柱学术人生的不懈追求，这完整地体现在《学术世界》上。反之，《学术世界》所孕育的良好学术机制和所倡导的自由学术风气，在近代学术发展中体现出其不可或缺之重要性，更促进了学术的进一步纯粹化、自由化和民主化。

2. 《学术世界》的特色栏目"论学书信"

上文提到的"世界"三含义，前两个含义之"世界"，在长久以来的学术传统和近代被迫开放的情势下，也并非构成什么"特色"。唯其三，此为学者能自由畅谈、交流学术之"世界"。从《学术世界》的撰述者都有不同程度的学术背景可窥见陈柱办刊"畅谈学术、交流学术"的宗旨。但最能体现其如此坚持的莫过于栏目"论学书信"，这是"畅谈学术、交流学术"最直接的体现。故可进一步定义，《学术世界》之"特色"，即"论学书信"。

《学术世界》除刊载一般的学术论文外，另设"文苑""论学书信""讲坛""世界学者介绍""世界学术消息"五个专栏。其中"论学书信"可以说是陈柱所循学术民主精神最直接、具体、集中的表现。"论学书信"，顾名思义，即为刊载学人间学术交流的书信。在《学术世界》所有2卷17期中无一期遗漏，共83书，每期1到11书不等。

纵观"论学书信"涉及的33位撰稿人，形成了以陈柱为中心的学人群体，对《学术世界》在稿件提供、质量提升、深化影响、广泛传播以及推动陈柱价值实现方面起到了重要作用。从《学术世界》撰稿人的身份可见陈柱与这些撰述人的关系，如李源澄，李陈二人早年便缘于伍非百而识；后李源澄东下，两人间更是往来频多。特别是李源澄1936年受聘于无锡国专，受陈柱办刊的影响，1937年其亦办《论学》月刊。又诸如章太炎等学

坛名家，章太炎在"论学书信中"即为前文提到与李源澄论学的书信，信中充分体现了太炎先生倡今文经学和李源澄坚持的廖氏古文经学的碰撞，以及太炎先生兼容各说、敬重先贤和李源澄思想开放、善于纳新的交融，陈柱与其虽未有只言片语，但作为一刊之编辑，其无不体现陈柱创自由交流学术之《学术世界》的宗旨。还有张尔田等志同道合者，陈、张二人以书信为媒介，研读经史诸子，深入无间，怀贤数典，并欲兼济教承，秉为学当有益于天下之公心。还有其师门弟子、同乡求学人、忠实读者等，皆充盈身影于"论学书信"中，单调的白纸黑字间活跃着浓厚的学术氛围，呆板的竖字横框中显耀"志同道合，极论无猜，降心从善"的学术胸襟，即成欲成的研究成果与治学精神得以薪火传承。

此外，在书信内容上，也屡屡涉及重要的学界人物，如《答南洋公学母校校长唐蔚芝先生论文书》的唐文治，《与黄宾虹教授论画书》的黄宾虹，《与吴雨生教授论陈君寅恪李德裕归葬辨证书》中的吴宓、陈寅恪等。另有张尔田，在其与陈柱的 14 封论学书中，涉及其同道友人，于学无所不窥、精于笺注之学的李审言；涉及对他的学术涵养、学识的蕴藉大有助益的屠寄；提到了其研究的清代著名学者汪容甫、沈垚，也提到了其他学坛大家如刘师培、章太炎等。这都从侧面丰富了"论学书信"的学人群体。

实际上可以看到，不论是明确的撰稿人，还是隐含在书信中的学人，他们之间都盘根错节地存在着师承、学承、同事、友人的关系。虽然学人间关系错综复杂，但这也是学术发展的必然体现和趋势。这样一个个相互交叠而又相互不同的"学者圈"，体现了以《学术世界》为中心聚合的民国学人群体的交往方式以及《学术世界》的生存和发展空间。

"论学书信"涉及的内容主要有三方面：一如《与张孟劬教授论墨学书》《与陈柱尊教授论道家书》《与陈柱尊教授论诸子书》等主要论的为经史诸子学；二如《与吕芳子论诗书》《答陈斠玄教授论自由词书》《与陈柱尊教授论诗文书》等主要进行诗文的交流；三如《与黄宾虹教授论画书》《与黄宾虹教授论篆法书》《与陈柱尊教授论画书》等涉及陈柱陶冶情操的书画。其他还有语言文字学、编撰学等。其中论经史诸子学占了绝大部分，其实这是符合当时学术走向的。

进入近现代，学术走向是在新旧冲撞中形成、在"取今"与"复古"间徘徊向前的。长久为中国学术主体的传统经学，此时已失势，其笼罩下的他学各派纷纷脱颖而出，争取平等的对待与地位。彼时天下学人同道乐于成人和之美，秉为学当有益于天下之公心，渴望构筑学术之"自由空间"。[46] 由"论学书信"及"学术世界"，陈柱追求自由畅谈的学术空间和民主精神，即为古今学人所孜孜以求。"所谓学术和而不同、各美其美，而又有克己之勇与服善之诚，此诚学人戒偏戒执之至道和现代学术精神之首端要义。"[47]

（二）《制言》的办刊宗旨及特色栏目"先贤悼文"

1.《制言》的办刊宗旨

《制言》（1935—1940 年，共 62 期，半月刊，1939 年 48 期始为月刊），为章太炎 1934 年创办的苏州章氏国学讲习会会刊。章炎一生中多次创办过报刊或担任报刊的主笔、主编，《制言》是章太炎晚年创办的重要刊物。创办目的即"阐扬国故"、开启民智、"负起学术先导的责任"。此刊作为章氏国学讲习会的补充刊物，供学生自行学习及分享成果。《制言》传达了这位著名革命家、思想家、国学大师的跌宕一生中最后的民主希冀和学术追求。

首先,《制言》伴随着章氏国学讲习会诞生,为教辅之用。进入近代,知识分子意识到书刊出版与教育之间的关系。"书报被一些先进的知识分子赋予了新的内容,昔日代圣上立言的出版传统逐渐让位给为开启民智、文化启蒙的新式服务。每每民族危机加重和文化思潮激变,都伴随着新一轮的出版冲动,而其中推波助澜者便为投身出版的新型知识分子。在他们看来,耸动舆论、宣传思想是其履行社会责任,实现匡时济世抱负的重要方式。"[48]

其次,章太炎最初的设想是以《制言》来造就接班人,即欲让其弟子担当此大任。但在实际创办中,此路不通,最终仍由自己担任主编,由孙世扬、潘承弼、沈延国三人担任编辑。

最后,章太炎鼓励学人为国奋斗,《制言》是在"危亡中的前进"。《制言》是章太炎最后时光中实践教育办学、发扬学术思想、不懈民主斗争的前进方式。

2.《制言》的特色栏目"先贤悼文、遗著"

《制言》实无明晰的栏目划分,其中刊文多为章太炎及其门生之作。但令人关注的是在每期皆刊有对先贤的悼文,或刊登先贤遗著以怀之。

统计可得《制言》62期中共有先贤悼文、遗著344篇。依其形式可粗略分为四类:一是为先贤所撰墓志铭、墓表、墓碣、碑文、塔铭,如《清故龙安府学教授廖君墓志铭》《蕲春黄君墓表》《大总统黎公碑》等;二悼文、挽联、祭文,如《哭黄季刚》《祭季刚师文》《太炎先生挽联》等;三是刊载先贤遗著、遗诗、遗扎、语录,如《量守庐遗文》《天问庵遗稿》《菿汉大师语录》等;四是为先贤作传、诔、遗著序、年谱序,如《秦力山传》《孙仲阆诔》《刘申叔先生遗著序》等。

其实,纵观《制言》全刊,所悼人物中主要的两位人物是章太炎与其得意门生黄季刚。黄季刚于1935年10月8日去世,《制言》第2期即刊载《黄季刚先生噩耗》《黄季刚先生绝笔》《徵求黄季刚先生遗文》,继而第4、5、6、7期即1935年第3期以后的发刊都于全刊内容之前开辟"追悼黄季刚先生"专栏。《黄季刚先生噩耗》中写道:"闻先生遗著以经学、小学、札记及日记为大宗,将由及门诸君整理付梓,并许本刊随时登载。"

章太炎于1936年6月14日去世,《制言》第20期始刊悼文,连刊5期后,第25期特设"纪念太炎先生专号"学术,各界、太炎门生皆表其哀思。25期之后每期的首文必为太炎先生遗著,并遵从太炎先生遗志,每期必有刊载先贤悼文和遗著。

除了章、黄二人,先贤悼文、遗著的其他对象亦颇有深意。以墓志铭、墓表这一形式为例,主要有:一为清末故吏,如《前长江巡使谭君墓志铭》《清故腾越镇中营千总李君墓志铭》《清故宁阳县知县张君墓志铭》等;二为近代军政要员、革命烈士,如《驻日本公使汪君墓志铭》《故勋三位陆军上将护理四川督军罗公墓表》《十九路军死难将士公墓表》等;三为地主阶级之孺人,如《唐母蒋太君墓志铭》《三原于大家房孺人墓表》《欧阳母黎太夫人墓志铭》等。

以上三类悼念对象,在教辅性的学术性刊物《制言》中出现,耐人寻味又在情理之中,展现了章太炎晚年的为学品性与斗争方式。

首先,透露章太炎"老骥伏枥,志在千里"的民主革命情怀。章太炎自知衰病,欲征集武昌起义诸人事迹,并作传以示后世。《制言》第7期刊《征求焦达峰遗事启》:"自清末以至民国,称为革命之雄,于世绝无誉议者,盖三人而已,浙之徐锡麟、苏之赵声、湘之焦达峰是也。……各将当时事迹开列前来,辞不厌详,事须从实,当据此作传一通,以发潜德之幽光,而彰不朽之盛事"。后著《焦达峰传》以赞英烈。又有撰《祭黎公文》《十九路军死难将士公墓表》等以怀先烈、表心志、勉后人。

其次,体现章太炎晚年治学的好恶。章太炎晚年,常为地主官僚、资本家及其家属写碑传铭记以做应酬文字。曹亚伯道章太炎:"未迁居苏州以前,卖文字以为活,文则每篇千元,字则另有润格。"[49]田桓也谓当时找章氏题识撰书者"络绎不绝,有时穷于应对,则命同门弟子代笔"。但章太炎依旧坚持其为学原则,凡做文不以金钱为准。王基乾谈章太炎轶事曰:"一个纱厂的主人,想请他做一篇表扬祖上的文字,送他万元作为润笔,他却极力拒绝,一字也不肯写。反之,他替黎黄陂做了一篇洋洋的巨文,又一钱不受。因为先生是最重感情的。他于当代人物,除孙公外,惟于黄陂有知遇之感,所以替黄陂做文章,认为是应尽的义务。"[50]太炎先生晚年所著墓表、墓志铭,绝大部分刊于《制言》,其余刊于《国学论衡》《青鹤杂志》《申报》中。

最后,彰显章太炎重先哲精神、起后生楷范的治学精神和办学诉求。《制言》第1期刊有章太炎所著《清故龙安府教授廖军墓志铭》。乍看易误以为是为某清末故吏作墓志铭,实则是悼清末经学大师廖平先生。前文提到过廖平先生善古文经学,而章太炎好今文经学。二人应互为对立。章太炎为廖平先生作墓志铭且刊于《制言》创刊号上,后又收录至《中国近三百年学术史论》,其一于太炎先生个人,表达了他作为朝代更替、政权跌宕的乱世学人对前辈大师的敬重之情,体现他怀古鉴今、兼容并蓄的为学品性;其二,这是与其《制言》保存国学、薪火传承、读经救国的宗旨相映照的;其三,这是传统文化向新文化过渡的时代潮流的必然产物。对先行者的思悼是当时学界、社会风气的一个特点,彼时学术特征大体为传统文化向新文化的过渡,真正的为学之道在于接受并崇敬传统社会的学术故老,不论时代如何变化,优秀的文化传统都不应被摒弃。故《制言》,包括那一时期的大多数报纸杂志都真实地反映了这些特点。如章太炎大弟子鲁迅逝世的时候,专刊遍布,几乎可以说是对出版业的大考验。

知识分子涉身出版是中国近现代出版业的一大特点,学术报刊的方式也是中国近现代学术发展史上的一道亮丽风景线,学术报刊的大量涌现对学术成长来说是一巨大助力。尽管每位学人参与办报办刊的方式各有不同,但贯穿于出版行为中的思想观念、价值取向却有许多一致之处。《学术世界》与《制言》就是如此,二者殊途同归,皆莫过于首在立人的出版取向、严谨精细的编辑作风、有所为有所不为的出版风范。

三、陈柱《学术世界》、章太炎《制言》的最后时光

"畅谈学术、交流学术"的诉求是陈柱最后人生路的最大寄托。但这样的寄托给陈柱的希望是短暂的。陈柱在1936年10月出版的第二卷第一期的《学术世界》中曾向吴宓直言:"自第二卷第一期起,决在事扩充,力求精博。"[51]但至1937年6月,《学术世界》出版第二卷第五期后无一字一句的说明,便戛然而止,让人惋惜。

《学术世界》终刊主要是因为时局紧张。1935年北京爆发"一二·九"运动,全国出现抗日救亡民主运动高潮,次年持续升温,上海成立全国各界救国联合会。纵然陈柱有所坚持,依然要为时局所左右。彼时上海经济受到冲击,商业投资减少,出版运作尤为不畅,读者关注点的转移、大众战前保守蓄资又使读者减少、刊物销量锐减,故《学术世

界》自 1936 年 2 月首次停刊后，屡屡停刊，更有复刊仅两期又再次停刊的困境。然而，使《学术世界》终刊之主因，在于世界书局。1934 年世界书局受迫于时局开始紧缩机构；1936 年增设贵阳分局，资产有所转移，同时其股票和营业收入也受到影响。在《学术世界》1937 年 6 月出版的最后一期中，赫然有红色印刷、三页大小、折叠式《诸子集成》的广告，此前亦有其广告，如此形制却从未有过，可见售书之急切：一为筹资，二不愿有所库存以便战时转移。"八·一三"事变爆发后，世界书局上海虹口大连湾路的总厂被日占为营，只得暂迁"租界中区"福州路总发行所。印刷厂及编辑所各部门的工作均告停顿，大部分职工发放工资并暂行解散。同时，原存大连湾路总厂内的书籍图版，大半被日寇损毁，经史子集国学名著等被劫往日本。[52] 可见《学术世界》的停刊可谓"塞翁失马，焉知非福"，其虽不是既定计划，却也是陈、陆二人预料之中且有所准备的。

于陈柱个人而言，其治学授教的生活亦受影响，战前学生运动日趋激烈，战后上海交通大学一面组织上海"文化界救亡协会"，积极发动师生开展抗日救亡活动，一面于空袭中坚持教学。陈柱周日劳顿，无暇顾及其他。后至 1940 年间，陈柱受家庭事业所绊困于孤岛，"闻足了侵略者和民族叛徒们的恶臭"[53]，但精神上仍渴求学术专一与文人风骨。其 1938 年出版的《守玄阁文稿选》"自序"道："故虽祖国蒙尘，待死孤岛，尚能以此不急之务自娱，抑岂非文人习气？"故此矛盾中其为学心性顿变。唐文治《广西北流陈君柱尊墓志铭》中云："丁丑以后，蒿目时艰，郁伊痛苦，人咸讶以为狂，然卒伤于酒。"是故，陈柱只寥寥将其文发于其他学刊，却不复有复刊之志。

1940 年 3 月，汪精卫在南京成立"国民政府"，广罗知名人士于其旗下。作为享有盛誉的学人、教授，陈柱难逃厄运，三年间被任以数职。直至 1944 年，陈柱佯病辞去南京中央大学校长一职，终脱身于政。不久陈柱便病逝上海。

即使俗政缠身，或为学术的痴人，或为政治的盲人，"畅谈学术、交流学术"也贯穿着陈柱的最后时光。以俗眼观学政纷纷是杂，于学眼察学术只维学术。或许陈柱走得过急了，若命运再宽限几年，或许历史会予其不一样的定论，如此一代大师的最后时光也就不会如此萧瑟了。唐文治《广西北流陈君柱尊先贤悼文》即吊："志气闳远，余以为必能大展其用，乃卒至于此，岂造物之忌才耶，抑中有不自得者耶？"

与《学术世界》同，透过《制言》亦可窥其父之命运。相较陈柱在有选择的强制性意识形态下，很快消亡于主流文化的萧瑟命运，章太炎可以说是在其自营的学术净土中、于莘莘学人的崇敬与不舍中离去的。"先贤悼文"本是章太炎对传统学术之重视与传承，但在 1936 年 6 月 14 日，久病多时的老先生溘然长逝，自 20 期始频刊太炎先生之悼文，更有 25 期（1936 年 9 月 16 日）特设"纪念太炎先生专号"。或许连章太炎本人都未料想到"先贤悼文"中会有自己的一席之地。所幸章氏门人还是继承了其师重传统学术的精神，为其哀鸣。章太炎一生讲学无数、创刊不少，《制言》之所以重要，正是因为其书写了大师的最后时光。

太炎先生临去前依旧桀骜。章太炎也自知身体渐弱，恐不久于人世。此时先生心中最为急切，思之莫过于寄期望于青年一辈，以继续其斗争精神，故作《太炎通告及门诸子之启示》，敬告其门人承其愿，救民族于沦亡，去专制流毒。始终以光复华夏、倡导民权为救国之本。[54]

章太炎逝世后，章氏国学讲习会继续编印《制言》，出至 47 期，至苏州沦陷。1939 年 1 月在沪复刊，改为月刊，承前期数，最终出至 62 期。章太炎去世后《制言》的延续，可以说是章太炎对彼时社会、文坛学界，对整个时代留下的深重影响的延续。虽《制言》于 1940 年 3 月 25 日终刊，但并不意味着太炎先生之遗风在学坛销声匿迹。反之，章太炎作为一代国学大师对后世学术的发展而言仍是一盏不灭的指明灯，作为一代民主战士仍长存于后辈学人心中。

结 语

章太炎、陈柱，皆为中国近代史上颇具盛名的国学大师。两位学坛友人，在时代的潮涌中，一位致力于民主革命和学术思想；一位专注于修身治学和传道授业，但殊途同归，在人生的后期都通过创办学术期刊展现了出来。

《学术世界》《制言》，皆为顺世而生又异世而立的。没有哪一种学术思想不是特定时代和世代的产物，两刊正是顺应传统文化向新文化过渡的学术主流而诞生的。顺世而生却不随俗，两刊冲破筹刊、运转的种种阻碍，设立"论学书信""先贤悼文、遗著"，此为其异世的一面。如章学诚《文史通义》中所言："与一代风尚所趋，不必适相合。"

《学术世界》《制言》，是陈柱、章太炎两位大师在人生后期坚持民主追求和学术传承的重要印证，是研究二位大师的重要史料。本文只进行了简要的对比研究，尚不能将二刊重要的地位、价值与影响完全展现，还有很大的研究空间供我辈学人深入研究。

注 释

[1][44]张京华,王玉清.陈柱的学术年谱[J].广西社会科学,2007(2).

[2]陈柱.陈柱年谱[A]//陈柱讲国学[M].北京:华文出版社,2009.

[3]刘小云.陈柱生平事略[A]//徐一周.桂东南社会文化发展研究论文集[C].成都:西南交通大学出版社,2011:30.

[4]赵棚鸽.论陈柱《粤西十四家诗钞》的学术精神[J].北京教育学院学报,2008,22(1).

[5]邹初英.论陈柱对公羊家革命学说的近代重构[J].黑龙江教育学院学报,2011,30(11).

[6]刘小云.陈柱和陈衍、唐文治的学术交往[J].盐城师范学院学报,2011,31(2).

[7]韦妙娜.《学术世界》的特色及其影响[D].玉林师范学院,2005.

[8]章太炎.章太炎先生自定年谱[M].上海:上海书店,1986.

[9]汤志钧.章太炎年谱长编[M].上海:中华书局,1979.

[10]姜义华.章太炎思想研究[M].上海:上海人民出版社,1985.

[11]刘克敌,卢建军.章太炎与章门弟子[M].郑州:大象出版社,2010.

[12]刘春蕙.为实现教育救国的抱负呕心沥血——章太炎的教育实践与教育思想[J].教育发展研究,2002(5).

[13]钱鸣.苏州章氏国学讲习会的教学特色及学术影响[D].苏州:苏州大学,2011.

[14]马勇.章太炎书信集[M].石家庄:河北人民出版社,2001:578.

[15][30]王川.李源澄先生年谱[A]//儒藏论坛第 3 辑[M].成都:四川大学出版社,2009.

[16]刘梦溪.中国现代学术经典[M].河北:河北教育出版社,1996:1.
[17][20][29]蒋涛涌,方旭红.报刊与人的现代化——以抗战前十年苏州为例[J].合肥工业大学学报,2007,21(4).
[18][46][47]陈以爱.中国现代学术研究机构的兴起——以北大研究所国学门为中心的探讨[M].南昌:江西教育出版社,2002:2.
[19][27]王凤超.中国报刊史话[M].北京:商务印书馆,1991:12,21.
[21]陈柱.发刊言[J].学术世界,1935,1(1).
[22]王建辉.1935—1936年:中国近代出版的高峰年代[J].武汉大学学报,2000,53(5).
[23][24]傅杰.自述与印象:章太炎[M].上海:三联书店,1997:104.
[25][34]章太炎.在苏州国家讲习会的讲稿[M].杨佩昌整理.北京:中国画报出版社,2010.
[26]袁进.试论中国近现代文化中心的北移与南下[J].社会科学,2000(8).
[28][37]上海交通大学校史编纂委员会.上海交通大学纪事(1896—2005)(上)[M].上海:上海交通大学出版社,2006.
[31]王建辉.出版家和企业家陆高谊[A]//老出版人肖像[M].南京:江苏教育出版社,2003:219.
[32][41][42]学术世界编辑社.学术世界编辑社征稿启事[J].学术世界,1935,1(6).
[33]浙江省博物馆.黄宾虹文集书信编[M].上海:上海书画出版社,1999:112.
[35]陈平原,杜玲玲.追忆章太炎[M].北京:生活·读书·新知三联书店,2009:299.
[36]章念驰.记我的祖母——章太炎夫人汤国梨[A]//浙江辛亥革命回忆录(续辑).杭州:浙江人民出版社,1984:23.
[38]冯振.中自然室诗稿与诗词杂话[M].桂林:广西师范大学出版社,1989:117.
[39]浙江省博物馆编.黄宾虹文集书信编[M].上海:上海书画出版社,1999:112.
[40][43]吴宓.与陈柱尊教授论学术世界书[J].学术世界,1936,2(1).
[45][51]陈柱.答吴雨僧教授书[J].学术世界,1936,2(1).
[48]吴永贵.近现代知识分子的出版情怀[J].编辑学刊,2001.
[49]曹亚伯.谈章太炎先生[J].制言,1936(25).
[50]王基乾.章先生逸事[M].重庆:重庆胜利出版社,1945:162.
[52]朱联保.上海世界书局历年大事记[J].出版发行研究,1988(4).
[53]陈柱.奶妈[J].国风,1939,1(1).
[54]章太炎.太炎通告及门诸子之启示[J].制言,1936(13)

周春《西夏书》探析

——兼谈周春的史学成就

政史学院历史学 2008 级　郭清凤

指导老师　谢振治

摘要：清以前，西夏鲜有专书论及。有清一代，西夏研究盛行。周春采用纪传体编修《西夏书》，该书是清人传世汉文西夏史籍中成书最早、唯一一部以纪传体写就的西夏专史。本文避开学界对《西夏书》的卷次、作者方面的考证研究热点，以《西夏书》为着眼点，致力于概述周春晚年著成此书的原因；探讨《西夏书》史料来源、体例选择及其反映的论辩精神；总结周春在史学上的成就和建树。《西夏书》之于认识和研究西夏历史以及补史传所未备的价值不可忽视。另外，周春在史学上的成就亦应为人所颂扬。

关键词：周春，《西夏书》，史学成就

引　言

清代是西夏史料辑佚和史籍撰修的勃兴时期，这一时期乾嘉考据盛行，不少史家把目光投向了西夏专史史料辑录的空白上，他们通过对大批记载西夏历史的史籍进行审订和辑录，编修了一大批汉文西夏史籍。并且，这一时期所修成的西夏史籍数量较多，体裁丰富，有纪传体、纲目体、本末体等。周春便是这批专注于对西夏历史进行研究撰述的学者之一。他编修的《西夏书》是清代西夏史籍中成书最早的一部，并且还是唯一一部传世的以纪传体写就的西夏专史。

周春，字松霭，浙江海宁人。乾隆十九年（1754 年）进士，官至岑溪知县，其事迹于《清史稿》可查，但记载比较简略。他师承于与钱陈群并称"东南二老"的沈德潜先生，精于音韵考据之学，一生著述颇丰。周春一生的成就主要表现在三个方面：一是小学音韵考据学方面，著有《十三经音略》十二卷、《小学徐论》二卷、《杜诗双声叠韵普》八卷（合称"音学三书"）、《尔雅广注》三十卷、《大悲咒音义》一卷、《佛尔雅》八卷；二是红学研究方面，写成第一部《红楼梦》的研究专著——《阅〈红楼梦〉随笔》，提出"张侯家事说"，学界也往往将其作为"索隐派"的前驱；三是史学著述方面，著有《选材录》一卷、《西夏书》十五卷、《代北姓谱》二卷、《辽金元姓谱》一卷、《海昌胜览》二十卷、《海昌掌故录》十二卷、《海昌拾遗》八卷、《宁邑艺文前编》四册、《补州志灵

异传》一卷、《海神庙志》一卷、《奴乡草》二卷、《海潮说》三篇,其中当以《西夏书》为代表,并且在治史方法和态度上深受考据影响。

近现代学者对周春的研究和讨论,也主要集中在对其音韵考据、红学及史学成就三个方面。论述周春在小学音韵考据方面成就的主要有:梁晓虹《周春的〈佛尔雅〉》[1],阐述周春著《佛尔雅》的意图是仿照《尔雅》,尽可能科学、清楚地编排佛经中出现的物名,通过论述《佛尔雅》的内容、编排及体例,指出由于佛教特殊的内容,《佛尔雅》不能机械地仿《尔雅》,若根据它本身的内容、性质,从篇名、排列上重新修订,则更能体现它作为一本佛教名物训诂专著的特色;钱剑夫《浅谈周春的<十三经音略>》[2],对《十三经音略》编撰体例、内容特点及其遗漏缺失进行探讨,指出周春前承古人加上自己的融会贯通,对于字义词义多加新的诠释的特点和成就,同时《十三经音略》也存在体例不纯、标目失当、释文重出、论证未备的缺失。

周春的《阅〈红楼梦〉随笔》历来为红学家所重视,是目前最早的红学研究著作。论述周春在红学方面的成就主要有:王现婧的《家事说与历史观——浅论清人周春的〈阅红楼梦随笔〉》[3],通过列举周春对《红楼梦》进行拆字、猜谜的方法,阐述周春提出家事说的缘由,得出《红楼梦》乃是"金陵张侯家事说"的结论。陈欢的《乾隆嘉靖之际题红诗研究》[4],主要论述了题红诗对《红楼梦》文本的讴歌,其中列举周春所著"本事题红诗"七律八首,指出周春的题红诗与他的"张侯家事说"观点一致,是其索隐的一部分。

周春在史学方面颇有成就,有一些史书类著述,其中当以《西夏书》为代表。本文所探讨的《西夏书》作为他在史学建树上的代表,是在其辞官归乡后,所成的一部西夏专史。周春作《西夏书》始于嘉庆九年(1804年),参考各正史中关于西夏的记载以及各朝代私人撰述的有关西夏的内容,并加以辑录考证。

目前学界对《西夏书》的研究还比较少,只有零星的几篇论文。1982年,李蔚《〈西夏书〉评价》[5]的发表开创了研究《西夏书》的先河。文中评价《西夏书》是"以有关'各正史'为经,以有关各野史、文集为纬,经过作者综合、比较、分析,有所取舍地撰写而成的",以表格形式整理呈现了《西夏书》各卷次内容,概括《西夏书》在体例、史料方面的特点。到了21世纪,西夏研究的集大成者胡玉冰先生在他的《<西夏书>考略》[6]中,则对西夏书的作者、卷数及其卷次排列进行了详细的考证,提出《西夏书》并非周春一人之作,卷次排列上亦有有待考证的观点,为学界廓清对《西夏书》的认识提出了更新的视角。笔者在阅读前人对周春及《西夏书》的研究著述过程中发现存在以下几点遗憾:

第一,对周春作《西夏书》的成书原因的概括往往仅限于提到时代背景,即乾嘉考据之风盛行的影响,对《西夏书》的成书原因作系统概述的尚未有之。

第二,对《西夏书》的研究多集中在体例、卷数、作者几个方面的考证论述,而对《西夏书》的史料来源及其内容关注得比较少。

第三,学者对周春的研究大多将其定位为音韵考据大家,忽视了他在史学上的建树,尚未有对其史学成就作探讨的著述。

《西夏书》是记载少数民族历史的一部传世之作,廓清对《西夏书》的认识,关注《西夏书》的内容价值,对于研究西夏党项历史及编撰者周春的史学成就有较大意义。鉴于此，本文主要将目光放在前人研究缺失之处，系统概述周春《西夏书》的成书原因，探讨《西夏书》的史料来源、体例的选择、论辩精神几个问题，总结周春在史学方面的成就，以充实对周春及《西夏书》的研究，希冀对时人认识周春、把握《西夏书》的史料价值有一定的帮助。

一、周春其人及《西夏书》

（一）周春生平介绍

周春，字芚兮，号松霭，晚号黍谷居士，别号内乐村农。生于雍正六年（1728年），卒于嘉庆二十年（1815年），享年八十七岁。《海宁州志稿》载[7]：

> 周春，祖逢吉，父文在，俱见孝友传。春，乾隆甲戌进士，籍次里居十年，笃经注史，旁及百家，刻所著书六种行世。乙酉兄莲乡试，偕行入都。明年选广西岑溪知县。

周春博学好古，为乾隆十五年（1750年）庚午科举人，乾隆十九年（1754年）甲戌科进士，当时的同科进士还有清代著名学者王鸣盛、钱大昕、纪昀等。《清史稿》卷481《儒林传》载："乾隆十九年进士，嘉庆十五年重赴鹿鸣。"清代有为新科举人、进士举办宴会的惯例，分别称为鹿鸣宴、琼林宴。嘉庆十五年（1810年），适逢庚午，年已八十二岁的周春适逢其中举六十年整，得以再赴鹿鸣宴。至嘉庆十九年（1814年），又逢甲戌，周春本应再赴琼林宴，但由于种种原因，未至，"当再赴琼林，未及赴，明年卒，年八十有七"[8]。

周春一生仕途平淡，乾隆三十一年（1776年）赴广西任岑溪知县，两年后离任归乡，并从此不再出仕。周春在任职期间，大胆改革，"立书院学规以训士"，政绩斐然，深受百姓爱戴。有记载云："与民共休息，来暮歌欢口，讼庭百无事，心迹莹冰壶。"[9]但就在周春到任不久后，其父周文在逝世，《海宁州志稿》卷二十九《人物传·儒林》载："丁亥以父忧去官，民欠未完，借谷七百石，捐俸偿之，贫不能行，当事修梧郡志，书成，乃得归。及春归，士农生祠于常宁墟，并祀刘于两公，曰岑溪三贤祠。"由于周春必须回家丁忧守制，他用自己的俸禄替百姓还清钱粮，以早日解任。但又苦于路资不够，他在当地编撰《梧郡志》才得以离开。归乡时周春孑然一身，不带钱财，"轻舟郁林石，一叶还故间"[10]就是周春廉洁、孤洁一人的最好写照。岑溪百姓"以忧辞官"在常宁墟修建了三贤祠，生祭有功于岑溪的三名知县：刘信嘉、于烜及周春。

周春博学好古，是海宁一位藏书家。他师承沈德潜，精于音韵学，谨慎严密，丝毫不假。他一生大部分时间都在读书著述中度过，据记载，他一生著作，"积凡四十三种，庶近于等身"[11]。

在小学音韵学方面，《海宁州志稿·艺文志》记载，其著有《十三经音略》十二卷、《小学徐论》二卷、《杜诗双声叠韵普》八卷、《尔雅广注》三十卷、《大悲咒音义》一卷、《佛尔雅》八卷，其中前三部著作并称为"音学三书"。其中《杜诗双声叠韵普》最受推崇，钱大昕曾为《杜诗双声叠韵谱》作序：

> 读松霭之谱，将见操觚者，晓然于声韵之细事，由是进求三百篇，群经诸子而知牙舌唇齿喉之别。自昔已然，其于周官大行人，谕书名听音声之教，岂曰小补哉。

在史学方面，《海宁州志稿·人物传·儒林二》中有记载[12]：

（春）于经若《古文尚书》《毛诗补正》《尔雅广疏》之属。于史若《代北姓谱》《辽金元姓谱》《西夏列传说》。于乡里故事，若《海昌胜览》《海昌掌故录》之属，凡数十种。

观周春生平，虽早年高中，但仕途短暂，建树颇微，比较平淡。一生著书立说、潜心典籍，精于音韵考据，留下较多考据和史料典籍，为世人所称道。

（二）《西夏书》简介

清朝有多部以《西夏书》命名的西夏专史，除周春著的《西夏书》之外，还有王县的《西夏书》、秦复恩的《西夏书》，但都已亡佚。周春所著的《西夏书》是清人所著的汉文西夏史籍中成书最早的，并且是唯一一部以纪传体写就的西夏专史。笔者在此主要介绍它的著录、传世本及内容，以管窥其全貌。

《西夏书》主要载于《清史稿》卷481《艺文志·史部·载记类》"《西夏书》十卷，周春撰"，《清朝续文献通考》卷261《经籍志·史部·正史类》"《西夏书》十五卷，周春撰"，《光绪杭州艺文志》"《西夏书》十五卷，海宁周春撰"，范希增《书目答问补正》卷二《史部·载记类》著录"周春《西夏书》十五卷，未刊"，邓衍林《中国边疆图籍录·西夏史料·清》"《西夏书》十卷，周春撰"；另一部"《西夏书》十五卷，周莲撰"，两部编著者、卷数均异的《西夏书》。此外，清人为其作序的也有不少，如吴骞《西夏书后》："松霭先生尝著《西夏列传》，以史氏之阙，顷复续成《世纪》二卷，《载记》五卷，《年谱》一卷，《考》三卷……"

《西夏书》传世残抄本，即邓衍林《中国边疆图籍录·西夏史料·清》中所著录的两本，现分别存于北京大学图书馆和上海师范大学图书馆。残抄本的内容现有《列传》《载记》及《考》三部分。笔者在此以《续修四库全书》中《西夏书》（即十卷本）为例，列表将各卷内容呈现如表1.1所示。

表1.1 《西夏书》内容一览表

卷目	标题	内容	备注
卷一	嫔妃传	太祖（李继迁）母卫慕氏 妃耶律氏 后野利氏 太宗（李德明）后卫慕氏 景宗（李元昊）后耶律氏 毅宗（李谅祚）后梁氏 惠宗（李秉常）后梁氏 崇宗（李乾顺）后耶律氏	（一）记太祖母卫慕氏至仁宗后罔氏等八位夏主后妃的生平事迹，但对桓宗、襄宗、神宗、献宗和末帝睍等夏主的后妃未记载
卷二	家人传	拓跋首寂　拓跋兴宗 　思孝　　　彝超 　彝兴　　　克文 继瑗　　　继冲 山遇　　　成遇 　　拓跋成嵬 察哥郎君　　德任 李惟忠　　　李祯	（一）主要记载与西夏皇族有直接血亲关系者的事迹。 （二）价值较高事件的有： 1. 山遇（名惟亮）赵元昊之叔父。曾与其弟惟永"分掌左右厢兵"，后因反对元昊称帝被元昊用乱箭射杀； 2. 察哥郎君崇宗李乾顺弟，曾打败童贯派去的入寇宋军

续表

卷目	标题	内容	备注
卷三	臣传	张浦（李继迁亲校） 盛估（白池军主将） 野利旺荣（天都大王，元昊谋臣之一） 王篙（悟空寺和尚） 野利仁荣（制番字，主翻译和主蕃学的文臣） 张元吴昊（元昊"依为谋主"，官至宰相） 贺从勖（六宅使） 梁乞埋（毅宗后梁氏弟，毅宗李谅祚的宰相） 李清（官将军） 昂星嵬名济（西南都统） 王仁宗（崇宗李乾顺相） 李遇（大将军） 王圭（宥州刺史） 王枢（文臣） 焦景颜、王仓（均翰林学士） 斡道冲（番汉教授，世掌夏国史） 高逸（大都督府尹） 高良惠（高逸之子，官右垂相） 斡扎箦（世掌国史） 曲也怯律（甘州宋将） 罗世昌（宣德郎） 宁子宁（枢密使都招讨） 王立之（精方醢匦使） 杨刺失（官职不详） 李敏（绥州刺史） 任得敬（仁宗李仁孝宰相） 慕洧（枢密使）	（一）记西夏开国诸臣、叛臣等。 （二）其中： 1. 张浦至野利仁荣之前无小标题； 2. 张元吴昊至杨刺失等人之前有小标题——开国诸臣；李敏至慕洧等人前有小标题——叛臣
卷四	外国传	吐蕃党项羌 回鹘于阗大食国	（一）其中，考"缅药"为"弭药"。 （二）卷五、卷六、卷七都有次行题，分别是：《载记三》《载记四》《载记五》。 （三）西夏开国之主景宗元昊和第二代国主毅宗谅祚事迹有残缺。 （四）景宗元昊《载记》缺首页的前半页，完整的应为十八页
卷五	载记	毅宗谅祚 惠宗秉常	
卷六	载记	崇宗乾顺	
卷七	载记	仁宗仁孝 桓宗纯佑 桓宗安全 神宗遵顼 献宗德旺 末主睍	

续表

卷目	标题	内容	备注
卷八	缺	缺	原因不详
卷九	地理考	主要考证了西夏二十二州的历史沿革；其次考证了一些军城寨堡的情况，作为附属的内容	（一）《地理考》卷端标题为《西夏书》卷之九，次行标题为《地理考》
卷十	官氏考	（一）对西夏官制考证具体列出了四十二种官职的名称。 （二）对西夏姓氏的考证，总共考出了五十九个西夏姓氏。属于一字姓者十一，二字姓者六，三字姓者一，四字姓者一	（一）《官氏考》卷端标题为《西夏书》卷之十，次行标题为《官氏考》

目前，学界对于周春作《西夏书》仍有许多质疑和考证的问题，如此书是否为周春一人之作，其兄周莲是否参与编撰等。但周春完成《列传》和两篇《考》是可以肯定的。此外，《西夏书》成书渊源及其史学价值，也值得研究和讨论。

二、周春《西夏书》成书渊源

西夏是党项族所建立的封建国家，与辽、宋、金并立达190年之久，直至1227年为蒙古所灭。但在清代以前，"夏鲜专史书"[13]。周春《西夏书》的成书填补了这片空白。周春得以著成《西夏书》的条件和成因是多方面的，既有外界环境的影响，又离不开周春自身的天赋和努力。笔者在此概括为四点。

（一）乾嘉考据之风，西夏研究盛行

周春晚年著述《西夏书》与当时的社会环境、学风是分不开的。清代学风扎实深厚，小学盛行，出现了一大批朴学名儒。所谓朴学，梁启超在《清代学术概论》中的解释是："朴学是清学之正统学，凡立一义，必凭证据；无证据而以臆度者，在所必摒。选择证据，以古为尚"，"喜专治一业，为'窄而深'的研究。文体贵朴实简洁，最忌'言有枝叶'"。[15]清朝朴学讲究严谨、朴实的学风，注重考证。至乾嘉年间，这种学风形成一个高潮，考据盛行。"乾嘉考据学肇端于明末，形成于清初，鼎盛于乾嘉，式微于晚清"[16]。所谓考据，就是摒弃宋明诸儒的空疏议论，对古籍加以整理、校勘，以经学为核心，重视对文献的搜集和整理，触及范围极广，并有经学转向史学的趋势，至章学诚则提出了"六经皆史"的观点。

由于考据学的盛行，大批清代考据学者把精力投注于校禅钩沉古书之中，西夏专史的空缺更激励了这批考据学者。周春把目光投向了西夏专史的空白，他翻阅、辑录并考证各史中关于西夏历史的记载，最终编撰成《西夏书》。

（二）江浙学风，家学影响

周春，海宁盐官人。海宁市位于浙江省，江浙一带文人骚客多云集于此。特别是到了清代，江浙更是巨擘云集，有"东南财赋地，江左人文薮"[17]之美称。杜维运也曾说：

"清代学术界起领导作用之伟大人物初集于浙江,继而盛于苏皖,终遍于湘粤之间。"[18]除此之外,海宁还是一个文化名城,藏书家颇多。据吴晗的《江浙藏书家史略》统计,海宁有藏书家38家,在浙江省仅次于杭州,而居于绍兴、宁波、吴兴等藏书名城之前,列于第二位。王国维曾说:"海宁,文献之邦也。"[19]可见,在清初,江浙地区具有浓厚的学风。

除了江浙学风对其有帮助之外,周春的家学条件也对他的著书立说有重要的影响。在《海宁州志稿》中,对周春的祖父周逢吉、父亲周文在有如下记载[20]:

周逢吉,字馨宜,父楷升,府学生,以方正闻于时。逢吉少好学,弱冠汽于庠,为文根抵六经,高古有法,晚以岁贡,授遂昌训导。……旋闻母疾,不待批允径归。……临终惟以不获终事母氏为恨。

周文在,字振之,号了闲,逢吉之子。性至孝,其生日母忌日也,届必哀惨终日,……为人坦直无城府,懊交游,严取于补,上舍生屡试不遇,遂绝意进取。杜门守墓,未尝宿春粮适百里。嗜书史,遇未见者,手钞贳购,积至五万卷,不戒于火尽毁之,每以不得复致为恨。晚年揭《池北偶谈》"学吃亏"三字,于座隅为家训,所以贻子孙者远矣。

根据记载可知,其祖辈便是好文重教之人,并且其父周文在亲藏书多达五十万卷,可见他对于书本的涉猎之广、学识的渊博。周春的兄长周莲,"字予同,号玉井。乾隆癸酉(1813年)举人,官中书"[21]。周莲可谓周春少时的启蒙者之一,有记载云:"予井家多藏书,偕其弟春自为师友,皆以博学名。"[22]从这可以看出,周莲亦是好学、博学之人。周春自小与其兄互为师友,这对周春学识的积累有重要影响。

生于江浙这片学风浓厚的土地,加之祖父辈的好文重教、家里大规模的藏书,及兄弟互为师友的家庭氛围,让周春自小便深受感染,终于成为一名藏书家、考据家、史学家。陈增有诗称赞说:"如此遗编不可寻,濂溪夫子最深渊,中华意外书搜遍,人间第一翰墨林。"[23]

(三)师承名门,广结益友

周春年少时便同他的兄长周莲拜师于名门之下,《耄馀诗话》载:"乾隆丁卯二月,同先兄玉井先生,授业长洲沈归愚宗伯父之门。"[24]沈德潜与钱陈群并称"东南二老"。在诗文研究、音韵考据方面颇有研究,是清代诗坛的一代宗师。师承沈德潜的周春,得到了老师的悉心指导,终在1754年乡试中举,并且在诗文研究、考据方面得到了真传。周春著述的《辽诗话》,便得到了沈德潜的大力肯定[25]:

海宁周生苾兮,博采群编,凡涉辽诗,无不摭入。以正史为宗,以志乘、说类为佐,上至宫廷,下及谣谚,事典而核,语赡而雅……苾兮可谓有功辽代者矣。

周春于乾隆十年(1745年)考中甲戌科进士,当时同科进士还有清代著名学者王鸣盛、钱大昕、纪昀等。周春与这批人结识,为其学术交流往来奠定了良好的基础。例如,纪昀主编《四库全书》时,周春便参与了部分经学的整理。这次修书也给了他接触大量史料的机会,为其学术研究奠定了很好的基础。除此之外,海宁也是一个文人贤达颇多的地方,周春在故里也结识了不少有才之人,如当时的吴骞、周广业等就都是海宁著名的藏书家。《海宁州志稿·吴骞》载:"博学好古,勤于搜补,同邑人周松霭,陈管庄赏奇析疑,获一密册，则其共提识诗歌以记其事，且于吴门武林藏书一家，互相传抄。"周春与这些文人贤达的交往，无形之中为其涉猎群书、交流学术提供了良好的机遇。

（四）天资聪慧，勤勉好学

江浙学风、家学条件及名师益友的熏陶和帮助给了周春成才的良好土壤和外部条件，但更重要的因素是周春自身的天赋和努力。钱大源在《呈周松霭夫子即敬诗文集后》对周春一生进行了这样的描述："早岁知六甲，诵习勤居诸，天赋特高朗，慧业寿能如。"[26]道出了周春天赋高、学习勤、成就高的事实。周春著书立说，包括《西夏书》的撰写都是在他辞官归乡、甚至花甲之后完成的。丁亥年，周春辞官归乡后不再出仕，"两亲服阕，年未五十，不谒选"[27]。这个时期，周春学术大成，他终日潜心读书，以书为伴。《海宁州志稿·人物传·儒林》载：

松霭其潜心著述，所居著书斋，终年不少，凝尘满屋，插架环列，卧起其中者，三十余年。四部七略，靡不浏览。

周春除了涉略广泛，还是一位坚持学习的人。他读书不仅限于音韵经史之类，《海宁州志稿》有记载说，周春"年逾七十，始学天文算数，参考史志及清明时宪法，寝食但废者余年……"周春乐学、勤学的态度在他很多诗文中都有反映，《放行歌》就是在他七十多岁推"交食"有验、喜极而作的诗篇。

周春的天赋高，一生勤学好学，他博览群书，笔耕不辍，在76岁高龄开始写作《西夏书列传》。除此之外，他一生精于考据，写了不少音韵考据之作，在考据的过程中接触了大量史学文献。著史的过程也是搜集材料并加以考证的过程，周春精于考据，亦为其在作《西夏书》时从大量史籍中辑录史料，并加以考证提供了经验和方法。

三、《西夏书》的若干问题

周春在编著《西夏书》时至少要克服两大困难：一是史料的搜集和考证；二是封建正统历史观念的束缚。周春著《西夏书》时搜集了大量西夏史料，并以"论曰"形式加以议论和考证，最终撰成一部以西夏年号为主线的西夏专史。这里主要讨论三个问题：一是《西夏书》的史料来源，二是《西夏书》的体例选取，三是《西夏书》的论辩精神。

（一）史料来源

清以前"夏鲜有专书"，西夏亡以后，各朝关于西夏的历史记载成书的也有不少，除"三史"中有为西夏立传之外，还有不少私人修撰的史书，如载于《遂初堂书目·史部·地理类》的《西夏杂记》，记载北宋时期宋夏交界地带的四十多处堡寨的设置情况的《西夏堡寨》等。从这些书的著录分类和内容来看，宋朝记西夏多以地理为主，而其他关于西夏族源、重要人物的记载则无专传，只分散于《旧五代史》《资治通鉴》《梦溪笔谈》等书中，或夹杂于其他各国史事之中。即使遍览群书，也无法纵观西夏历史发展的全过程。元明时期本是著述西夏专史的好时期，尤其是元朝，但元朝单修"三史"而独无西夏史书，直至清朝前，西夏专史一直没有出现。由此可见，周春著《西夏书》时的史料必须广泛涉猎，从古籍、各类丛书中辑录考证。关于这一点，他在《西夏书列传·自序》中说道："缀集旧闻，搜罗逸典。"纵观《西夏书》全篇，周春虽然在《西夏书列传·自序》

中或文本后都没有注明参考的书籍,但内容中的论述、征引都直接表明周春作《西夏书》时所参考的书籍。我们通过其中的记叙,仍可以寻其踪迹。概括来说,其成书史料来源应有三处:

一是周春自有的藏书。周春是海宁当地一位为人崇敬的藏书家,自家的藏书为其广搜史料、著成《西夏书》提供了极大的便利。黄丕烈题《陶靖节先生诗注四卷》中有关于周春藏书的记载:

在海宁周松霭家,相传与宋刻礼书并储一室,颜之曰礼陶斋……改颜其室曰宝陶斋。今又售去,改颜其室曰梦陶斋。"礼陶斋""宝陶斋""梦陶斋"都是周春藏书楼的同一间书室。周春在"礼陶斋"中存放了当时世间罕有的宋朝印刻的精致版《陶靖节先生诗》,并精心考订。后因家境每况愈下,不得已出售《陶靖节先生诗》,随之将书室名改为"梦陶斋"。

"拜经道古向山阁,学稼著书别下斋"这是在浙江海宁市图书馆书画展上陈伯良先生的题词,联中皆是海宁藏书家的藏书阁名。据智旷先生《海宁历代藏书家简表》记载:"拜经"为吴骞的拜经楼,"道古"是马思赞藏书之楼,"向山"为陈鲍藏书之阁,"学稼"即许淳藏书之轩,"著书"为周春的著书斋,"别下"是蒋光煦藏书之斋,此皆海宁私家藏书名人。

周春藏书颇丰,在辞官后便常住于他的"著书阁"中阅览群书,考究学术,"四部七略,靡不浏览"。所以,这应该是他记录西夏史料、撰述《西夏书》最直接方便的可利用史料。

二是各朝编修的正史以及宋朝人的著述。胡缙玉《西夏书后》说,全书无论是在记事还是发表议论时都较多地参考和征引了元朝所修的"三史","三史"可谓周春撰述此书的参考重点。例如,《高逸传》载:"论曰,元史称元太祖四年,由黑水城兀剌关口,如河西……"[28]这段关于高逸的议论便是直接节录《元史》的内容。周春参考"三史"作《西夏书》特别突出地表现在卷九《地理考》和卷十《官氏考》,两篇《考》大多参考或节录于"三史"《夏国传》的内容。周春参考各朝的私人著述十分广泛。例如,《野利旺荣传》便是从南宋王称的《东都事略》中节录出来的,原文中注明说:"从东都事略节录,文载本集较详于此。"[29]《载记一·景宗》大部分内容也都节录于明人祁承编修的《宋西事案》上卷《唃厮啰河湟之战》《刘平石元孙之败》《张方平平戎十策》《种世衡城青涧并知环州始末》《韩范攻守之议》《任福好水川之战》《分秦凤泾原等四路经略》《葛怀敏之溃》《元昊之败契丹》和《夏人归石元孙》等内容。

三是广集各朝其他史料,其中包括"诗歌""民歌"等。《列传》开国诸臣部分,记载了景宗的十将[30]:

一曰妹勒,二曰浪讹遇移,三曰细赏者埋,四曰五里奴,五曰雜熟屈则鸠,六曰隈才浪羅,七曰细母屈勿,八曰李讹移岩名,九曰细母鬼名,十曰波羅埋布。

由于史料的匮乏,周春只列其名。但在"论曰"中周春引用了范雍诗文来描述他们的勇猛强悍:"拘俘询虏事,肉尽一无声。"[31]

在《西夏书》史料的来源上,周春广泛涉猎自有藏书中各朝正史及各朝私人著述中有关西夏历史的记载;在史料参考上不拘于文体、编撰者的限制,做到尽可能通博。并且,他对于这些史料也并非滥陈,而是做了一番辨析考证,做到不因袭前人说法。例如,《野利仁荣传》中在论及"藩字的创造"时,引《辽史》记载"子德明,晓佛法;通法律,当观太一金鉴决、野战歌，制藩书二十卷，又制字若符篆"，[32]周春否定这种说法，指出"此乃宋辽所闻异辞"，进而提出"或创于德明继于元昊而终成于仁荣也"的观点。为加以考证，他引用《梦溪笔谈》中关于野利仁荣创藩字"独居一楼上累年方成，献诸元昊"的记载。

概而言之，《西夏书》史料来源以元、明两朝的史料为重点，广泛参考宋朝私人撰述，并兼采其他各类文献，并且在史料的选取上颇注重对史料的考证和分析，体现了史家的通博和严谨的治史精神。

(二) 体裁选取

清代所修的西夏专史不仅填补了夏亡后专史记载的空白，而且这一时期成书体裁多样，纪传体有周春的《西夏书》、纲目体有吴广成的《西夏书事》、本末体有张鉴的《西夏记事本末》。周春大胆采用纪传体写西夏历史，在《西夏书》中以西夏年号纪年，以西夏国帝王将相为中心来记叙西夏历史，是名副其实的西夏专史。胡缙玉在其为《西夏书》所作序中指出[33]：

> 自来言西夏事者洪亮吉，秦恩复之书不传，吴氏（广成）西夏书事，陈昆（西夏）事略在是书之后，且皆编年体，此乃纪传体之先导。

所谓纪传体，即以人物传记为中心，用"本纪"叙述帝王；用"世家"记叙王侯封国和特殊人物；用"表"统系年代、世系及人物；用"书"或"志"记载典章制度；用"列传"记人物、民族及外国等。中国古代的官方正史及其他史书，多依照《史记》体例，以纪传体编纂而成。

清代以前，元朝作为修西夏史的最佳时期，却单修"三史"而独无夏史。元朝不单修西夏史，在《宋史·西夏传》中说明的是"前宋旧史有《女真传》，今既作《金史》，义当削之。夏国虽乡不常，而视金有间，故仍旧史所录存焉"。"今史所载追尊谥号、庙号、陵名，兼采《夏国枢要》等书，其与旧史有所抵牾，则阙疑以俟知者焉。"这里给出的原因有两个：一方面是因为夏与金不同，存在文化、政治各方面的差别；另一方面则是文献不足，所以采取依旧附其于宋、金史中的做法。"三史"中《宋史》有《夏国传》两卷，《金史》中有《西夏传》一卷，《辽史》中有《西夏纪外》一卷内容。"三史"在论及夏国时往往能给予公正的评价。例如《金史》中论西夏："能崇尚儒术，尊孔子以帝号，其文章辞命有可观者。立国二百余年，抗衡辽、金、宋三国，俛乡无常，视三国之势强弱以为异同焉。"[34]但仅以此寥寥几卷内容来记载这个长达近190年之久的封建王国，显然是不够的。并且在"三史"记载过程中，并未给西夏以同于金辽的正统地位，而是将其作为一个边疆的割据政权。简略地将西夏史事附于其他国史事记载之中，显然不能完整地体现西夏政治、经济、文化发展的全过程。

清代修西夏的史家亦有考虑用纪传体修史之人，据吴广成《凡例》记载，他在编修《西夏书事》时曾想编修一部纪传体西夏专史[35]：

> 梁萧氏方等《三十国春秋》、魏崔氏鸿《十六国春秋》、宋刘氏恕《十国纪年》等书，皆分纪列传，体拟正史。西夏事散见诸史者，不过朝贡、攻伐数大端，即历朝《一统志》，陕、甘新旧《通志》，绥、灵、宁、夏各《州卫志》，自拓跋启疆，职方失考，终夏之世，绝少人文，胭罗不易，纪传为难。惟于立国之始终，传柞之世数，以及夫朝政之理乱，主

德之昏明，皆约而可稽，爰为件系条分，纲举目附，名之曰《书事》。

这表露出了吴广成也想采用纪传体来撰写《书事》，但终究因为各朝记载的西夏历史分散，且内容偏侧于战事、地理而难以寻找充足史料而放弃，最终选择以纲目体编撰全书，"篇中纲主西夏，目则参引诸史"。其他如张鉴《西夏记事本末》则把西夏王朝当作夏的藩属国来写，其中记事、论事，尊宋贬夏之意十分明显。

不同于他们，周春选用纪传体来编写西夏史书，真实地反映了西夏历史的发展。关于周春选择纪传体来写《西夏书》的意图和缘由，查周春《西夏书》全书及他的其他成书并未交代原由，只在《西夏书列传·自序》中说道："唯传最难作，传即成则全书易就，……欲单行于世。"其他并无可考证。周春先成《列传》，既反映了他搜罗考证史料的功底，又体现了他敢于冲破封建正统历史观念束缚的精神。

（三）论辩精神

史论又称史评，主要是对史书体例、编撰方法、史书得失、史官制度的论述，以及对历史事件、历史人物的评论等。史论，推其源可追溯到先秦诸子借评论史事以论证自己政治观点的著作。到后来又如《左传》中的"君子曰"、《史记》中的"太史公曰"、《东观汉记》中的"续"等。

和周春同时代的吴广成也说："古史体例，一代之主必著论赞。"[36]周春作《西夏书》，在记人、记事后，亦以"论曰"形式发表议论。据笔者统计《西夏书》全篇，共以"论曰"形式发表议论共39处（集中在《列传》中），其中大多数是对历史事件的议论和考证之辞，或交代记载不翔实的原因之类的言辞。《西夏书》"论曰"的内容，反映了他注重史实考证、著史严谨求实的精神。

如《列传》中记于阗国与西夏关系时，考证对西夏称谓"弭药"即为"缅药"，这一点在以前的关于西夏历史的记载中是没有的。周春却能通过利用自己精通音韵学的优势，考证史事：

《旧唐书》卷一九八《党项传》记载：

其后吐蕃强盛，拓跋氏渐为所逼，遂请内迁，始移部落于庆州，置静边等州以处之。其故地陷于吐蕃，其处者为役属，吐蕃谓之弭药。

《宋会要辑稿·蕃夷》六之一八载：

宋神宗元丰七年二月十一日，熙河兰会经略司言："董毡遣人以蕃书来，已回之，约令引兵深入，摩灭缅药家"。

《宋会要辑稿·蕃夷》六之一八载：

宋这宗绍圣四年（1097年）于阗国所遣使带来的表文，译到黑汗王子言："缅药家作过，别无报效，已差人马攻进甘、沙肃三州。"

《旧唐书·党项传》中所记"弭药"是对当时受役于吐蕃的羌族的称谓。唐太宗曾以文成公主入藏，吐蕃与唐修和平之交。唐太宗死后，吐蕃势力北上，原散居在青海、甘肃南部等的羌族部落请求内迁，于是静边州都督府迁至庆州（今甘肃庆阳县），被侵地羌族受吐蕃奴役，被称为"弭药"。至北宋时期，吐蕃、于阗等西域各国仍以"缅药家"来称谓西夏国。周春经考证议论说："初不解弭药之名，今观缅药乃知，缅弭音近，两字相通，缅药家殆指西夏矣。"[37]胡玉缙在《西夏书后》中称赞周春考史颇具会心："其外国传，以绍圣中于阗国王所称缅药家,即唐之弥药,颇具会心。"[38]

周春考史议论,在《西夏书》全篇中有不少例子,他纠正前人认识的模糊和错误之处,记载也更为真实可靠。但全书"论曰"也折射出两大问题:一是周春虽然缀集旧闻,网罗逸典,但仍然在一些记载上缺乏史料,导致他无法进行翔实考证或论事不深刻。例如,《西夏书》中多处出现"并无考""其事无可考"的论述。二是周春虽以纪传体来撰写《西夏书》,但其封建正统历史观念依然可见。《西夏书》中出现多次对夏的贬称,如《贺从勖传》中载:"贺从勖同李文贵出使夏国,请和,元昊想以'兀卒'自称向夏称臣,宋人以为'兀卒'谐音'吾祖'有辱宋朝威严而拒绝。"周春评论此事时认为夏有辱宋之意并称其为"夏寇","当时往往以此侮宋,如东坡所城上问兀擦是也,招徕夏寇之议"[39]。

虽由于史料搜集的限制,书中记事存在过于简略或考证失误之处,在论事中又显现出淡淡的封建卫道士的气息,但周春终究是清修西夏专史的第一人。《西夏书》的传世亦为后来著西夏史书的学者提供了借鉴,也为我们学习研究西夏历史保存了丰富史料。其敢于冲破封建正统历史观念、真实反映历史的精神值得颂扬。

四、周春的史学成就

周春师承沈德潜,精于音韵考据学,张之洞在《国朝著述诸家姓名录》中将其列入经学家之列。事实上,他在史学上也颇有成就,著有《选材录》一卷、《西夏书》十五卷、《代北姓谱》二卷、《辽金元姓谱》一卷、《海昌胜览》二十卷、《海昌掌故录》十二卷、《海昌拾遗》八卷、《宁邑艺文前编》四册、《补州志灵异传》一卷、《海神庙志》一卷、《奴乡草》二卷、《海潮说》三篇。笔者在此以《西夏书》为着眼点,总结周春在史学方面的成就。

第一,《西夏书》成书对后来著述西夏史的学者产生了极大的影响。首先,表现在著述的体例上有所创新。周春在利用纪传体记西夏历史的同时,加入了考证和论述两大部分,以"论曰"形式呈现。议论考证史料,使史书更具真实可靠性,并体现了更为深刻的思想内涵。后来撰写西夏史书者,记事体例虽未继承周春所采用的纪传体,但大多采用这种方法,对史事加以评论和考证,如吴广成的《西夏书事》以"按语""论曰"形式发表褒贬议论;张鉴的《西夏记事本末》以"按语"来辩证史事等。其次,表现在内容上为后人所继承。周春所著《西夏书》的《地理考》《官氏考》记载和考证了西夏的地理状况、职官制度和西夏姓氏,这些都为后世著西夏史籍者所重视。两篇《考》,既为后世作史之人提供了史料参考,又为后人著地理、官制、姓氏类的史籍提供了榜样和范例。《官氏考》共列姓氏六十七种,张澍《西夏姓氏录》就是在周春所考姓氏的基础上查缺补漏,最终考姓氏一百二十七种。最后,表现在编撰方法上。周春在《西夏书》中注重对史料进行辨伪和考证,前文已举例,此处便不再重赘。查后世所成的史书,绝大多数都能在这基础上加以考证。后来吴广成的《西夏书事》就是一本记事详于《西夏书》,并且论辩更充分的西夏史书。

第二,周春所作《西夏书》是汉文西夏史籍中第一部,也是唯一一部传世的以纪传体写就的西夏专史,对研究西夏历史有较高的参考价值。

周春作此书把重点放在《列传》之上:"念他史莫难于志,而夏书唯传作难列,传既完，全书易就。"[40] 在其前期充分准备之下，周春用五十天时间写成《列传》的初稿。把夏当做正统王朝，为王室、重要历史人物立传，这是清代所修西夏史籍中所没有的。并且，《列传》得以完好保存下来，为后来学者了解西夏历史人物提供了珍贵的史料。

《地理考》详细记载了西夏国河南九州、河西九州、熙秦河外四州共二十三州的发展历程以及宋夏交界处部分城镇堡寨的建置。《地理考》大部分承袭元人编修的《宋史·夏国传》和《西夏堡寨》，史料可信度高，为还原西夏国地理、军事方面的风貌提供了珍贵的史料参考。

此外，《西夏书》还对前人成书中的缺漏进行了补查。《官氏考》中对"观文殿大学士"的补录，使西夏职官制度的研究有了更完备的资料。

第三，《西夏书》的著述还体现了周春严谨的治史态度以及敢于冲破封建正统历史观念的精神，可谓"德才兼备"。

章学诚在《文史通义》中承前人刘知几，在优秀史官必备条件"才""学""识"的基础上加上了"史德"。何谓"史德"，章学诚解释说[41]：

盖欲为良史，当慎辨天人之际，尽其天而不益以人也。尽其天而不益以人，虽未能至，苟允知之，亦足以称著述者之心术矣。

这就是说史家要端正心术，分清主客观，不以个人好恶歪曲历史事实。《西夏书》最能反映周春作史"心术正"这一点，他能对历史人物进行公正客观的评价。例如《西夏书》中记元昊事："（元昊）主谋议者有人，主兵马者有人，典文书者有人，国主可谓知人善任使矣。至兵革之际，不废诗书蓍学、汉学之设，尤为知所先务。"但看前人关于西夏历史的记载，大多称元昊称王行为为"僭越"，对其评判往往充满了封建卫道士的气息，贬斥之词充斥其中。又如后来者吴广成在《西夏书事》卷十八中论元昊时，直斥元昊"更祖宗陈规，藐中朝建制"[42]，"肆兵力以胁诸蕃，逞狡谋而欺中国"[43]，"而其用兵，则严赏罚，集众长，攻少坚城，战无猝败"[44]。周春从西夏历史发展的客观实际看，不因袭前人说法，真实反映元昊的功过，认为元昊的贡献应该是功大于过。

周春能坚持从实际出发，冲出正统观念的束缚，论事议人不过多加诸个人情感，增强了历史记载的真实性。同时，他的精神亦应为学史、治史之人秉承和发扬。

结　语

出生于书香世家的周春，自小受到好文重教的乡风、家风的熏陶，加之资质聪慧又师承名门、广结益友，终在其勤勉努力之下，成就一代考据之才、著史之才。周春的《西夏书》以西夏年号为主线，广集旧闻、逸典，成就了一部具有较高史料价值的西夏专史。尽管周春的《西夏书》存在史料搜集上的不足、未利用西夏文字文献、论事中也仍存封建正统的痕迹甚至错误等瑕疵，但是《西夏书》之于佐证和研究西夏历史以及补史传所未备的价值不可抹杀，周春的史学成就、治史精神值得颂扬。

注　释

[1] 梁晓虹.周春的《佛尔雅》[J].辞书研究,1991(1).
[2] 钱剑夫.浅谈周春的《十三经音略》[J].辞研究,1989(3).

[3]王现婧.家事说与历史观——浅论清人周春的《阅红楼梦随笔》[J].齐鲁学刊,2005(1).

[4]陈欢.乾隆嘉靖之际——题红诗研究[D].集美大学,2010.

[5]李蔚.周春《西夏书》评介[J].宁夏大学学报,1982(3).

[6]胡玉冰.《西夏书》考略[J].文献月刊,2011(2).

[7][8][12][21]海宁州志稿(卷二十九,人物传·儒林二)[Z].民国铅印本,1922:9-10,11-12.

[9][10][26]钱大源.周松霭夫子即敬题诗文集后[M]//徐世昌.晚清簃诗汇.上海:华东师范大学出版社,2009:4714.

[11]海宁州志稿(卷十四,艺文志·典籍十二)[Z].民国铅印本,1922.

[13][35][36][42][43][44]吴广成.西夏书事[M]//《续修四库全书》三三四·史部·别史类.上海:上海古籍出版社,2004:290-291、440.

[14]列宁.列宁全集(第二十卷)[M].北京:人民出版社,1953:401.

[15]梁启超.清代学术概论[M].北京:中华书局,2010:1.

[16]敖光旭.20世纪的乾嘉考据学成因研究及存在的问题[J].中山大学学报:社会科学版,2001(41).

[17]康熙.示江南大小诸史[M].江苏书院刊本,光绪八年.

[18]杜维运.清代史学和史家[M].北京:中华书局,1984:8.

[19]王国维.敬业堂文集序//人间闲话:王国维随笔[M].北京:北京燕山出版社,1997.

[20]海宁州志稿(人物传·孝友)[Z].民国铅印本,1922.

[22]叶昌炽.藏书记事//杭郡诗辑[M].王欣夫补正,涂鹏辑.上海:上海古籍出版社,1989:20.

[23]陈增.月墀遗稿·周松霭师昙花馆所藏·日本国人松贞元泰古梅园墨谱歌//叶昌炽.藏书纪事诗[M].上海:上海古籍出版社,1999:353.

[24]周春.耄馀诗话[M].葛继常钞本.

[25]沈德潜.辽诗话序[M].上海:上海古籍出版社,1978.

[27]赵尔巽,等.清史稿卷列传二百六十八·儒林二[M].北京:中华书局,1977:4337.

[28]周春.西夏书·列传卷三·高逸[M]//《续修四库全书》三三四·史部·别史类.上海:上海古籍出版社,2004:660.

[29][39]周春.西夏书·列传卷之三开国诸臣·贺從勗[M]//《续修四库全书》三三四·史部·别史类.上海:上海古籍出版社,2004:656.

[30]田况.儒林公议//《全宋笔记》第一编·第五卷[M].河南:大象出版社,2003.

[31]厉鹗.宋诗纪事·记西夏事[M].上海:上海古籍出版社,2008.

[32](元)脱脱.辽史·卷百十五·列传第四十五·二国外纪·西夏[M].北京:中华书局,1974:1523.

[33][38]胡玉缙.西夏书后[M].上海:上海古籍出版社,2005.

[34](元)脱脱.金史·卷一百三十四·列传第七十二·外国上·西夏[M].北京:中华书局,1975:877.

[37]周春.西夏书·列传卷之四·外国传[M]//《续修四库全书》三三四·史部·别史

类.上海:上海古籍出版社,2004:664.

[40]周春.西夏书列传自序//《续修四库全书》三三四·史部·别史类[M].上海:上海古籍出版社,2004:645.

[41]章学诚.文史通义[M].北京:中华书局,1956.

论近代梧州经纪业与航运交通的相互作用

政史学院历史学 2007 级　李运燕

指导教师　刘小云

摘要： 梧州是广西近代经纪业形成最早的地区，也是广西商业发展最快的地区。自 1897 年梧州开埠后，经纪业借世界经济发展之契机，迅速成为近代新兴主干行业，与银钱业、航运业、鸦片业同为梧州四大支柱产业。同时期，梧州的航运交通发展与其关系密切。一方面，梧州经纪业的形成与发展，有助于航运交通网络化，并大大推动其发展；另一方面，航运交通又为经纪业提供便利的交通条件和物流支持，且扩大它的商品经营范围。两者相互作用，共同影响近代梧州商业贸易发展。

关键词： 经纪业，航运交通，梧州

引　言

《辞海》把"经纪"定义为"在买卖双方间充当介绍人而获取佣金的中间商"[1]。经纪业是商品经济发展到一定阶段的产物，是专为买卖双方做媒介，促成交易以赚取佣金的行业，古代称为牙行。到了近代，因为商场交易多用银两，较大的商号多设置天平，收支银两用标注砝码，以示公平，两不相亏，故代客买卖的商号又叫"平码行""九八行"，后又改为经纪行。据《梧州口岸外经贸志》记载："1885 年，梧州出现现代代客买卖货物、索酬行佣的经纪行——平码行。"[2]这是近代梧州经纪业创立的开端。

近年来，关于经纪业研究有一些学术成果。杨业兴、黄雄鹰主编的《右江流域壮族经济史稿》[3]和钟文典主编的《广西近代圩镇研究》[4]中，有对经纪业相关内容的阐述。刘爱新的《近代广西经纪业的形成发展与商业繁荣》[5]《经纪行与梧州商业近代化》[6]等论文对广西经纪业进行了尝试性的初步探究。广西各县市政治协商委员会收集到的第一手资料编辑而成的文史资料，也为经纪业的研究提供了十分珍贵的素材，并形成不同的观点。在近代经济史著当中，丁日初的《上海近代经济史》[7]，庄维民的《近代山东市场经济的变迁》[8]，以及汪敬虞的《中国近代经济史》[9]都有论及经纪人的篇章。这些论著都涉及经纪业的发展过程或市场功能，其识见对经纪业研究很有启迪性。专门研究经纪业的学术论文也相继出现，经初步统计有 20 篇，内容包括经纪人、经纪业组织考略，经纪业职能转变以及一些商业较发达地区或较繁荣的商业行业中经纪人的活动情况等。纪孟繁的《中国古代商贸活动中的经纪人》[10]、吴绍珉的《我国历史上的经纪人及行业组织考略》[11]等

学术研究都很有价值。但是，这些对近代广西经济研究有影响力的论作都尚未对广西梧州经纪业进行专门的考察。通过在中国期刊全文数据库和超星 PDG 数字资源查找到有关经纪业的论文有 102 篇，当中没有一篇是关于西部地区经纪业发展情况考察的，尤其对梧州经纪业发展演变的关注度还不够。

本文择取位于广西东部的梧州作为研究范围，试从历史学的角度对开埠后到新中国成立前的梧州经纪业的发展变化做一个梳理，因同时期梧州的航运交通业与其又有不可分割的联系，梧州航运交通的飞速发展为梧州的经纪业提供了便利的条件，两者相互促进和作用，共同影响着梧州在新中国成立前的商业贸易。对尚待深入挖掘的相关史料做简单的爬疏考证，对梧州经纪业的发展情况与航运交通之间的相互作用进行简浅的探析，以期为今后梧州经济发展提供一些启示。

一、梧州经纪业的形成和发展演变

梧州位于广西最东部，处于西江、浔江和桂江三江汇合处，从古就有广西"水上门户"之称。此外，它与广东西部接壤，独特的地理位置让梧州具有内陆城市和口岸城市的双重优势。自明朝统治者将浙江宁波和福建泉州封关后，广州成了对外贸易的重要口岸。作为经济纽带的西江横贯两广地区，其沿岸贸易往来也日趋繁荣，而梧州的经济贸易更是受益匪浅。

（一）近代梧州经纪业在广西的历史地位

在近代，梧州"在广西经济上的地位，正无异于上海之于中国"[12]，其凭借优越的地理优势，很快成为广西的经济中心。而经纪业就在如此环境中形成和发展，有资料记载："在一百年前（1860 年左右），梧州就有了柴炭经纪行"[13]。虽然清人谢启昆在《广西通志》中记载："安南通市牙行税银五十两"[14]，但这一时期，该行业在广西还不普遍，直到 19 世纪末 20 世纪上半期，才有较大发展。此时，经纪业已成为广西的主干行业，其中在梧州的发展尤为突出。

梧州的经纪业作为新式行业，它的形成、发展以及演变是优于桂林、南宁各城的。

（二）开埠前梧州经纪业初见雏形

梧州的经纪业约在清末前便开始形成，"光绪十一年（1885 年）前后，梧州开始形成商埠，开始出现代客买卖的经纪行，主要有道生、鸣安、公昌、源来、恭信、仁信、仁隆、时泰、德泰、时昌等 17 家。经营商品以谷米为大宗，此外还有生油、麦、糖、谷类、青麻、桐油、纸等。这些平码行是清末梧州口岸进行商贸活动的主要商号"[15]。近代梧州经纪业便开始发展起来。

后来，由于戎圩镇（今苍梧龙圩）附近河道涸浅，较大的船只往来很不方便，比不上梧州地处三江合流、河道宽广的优势，因此各地的土特产集散逐渐由戎圩转移到梧州，经纪业也随之转向梧州发展。后来又增设了永来、章丰、粤丰、光源成、和丰、兆丰元、聚兴元、泗源、安源、广宽、恒安、恒信、晋昌、公和利等十多家平码（经纪）行[16]，也多集中在九坊路。这些经纪行以广西各地土特产为主要经营商品，货物吞吐量颇大，获利甚丰。至此，梧州经纪业初见雏形。

（三）开埠后到新中国成立前梧州经纪业的演变

1897年，梧州被辟为通商口岸后，外国资本涌入，这使梧州成为外国资本主义商品倾销和原料供应的重要市场地。期间，梧州先后出现了渣甸、天和、人和等洋行。[17]1911—1921年间，因行号的设立与各江来货还相适应，整个行业处于平稳发展阶段。此后，又先后有兼源、巨安、忠诚、聂昌、穗荣、公源、公益、恒和、永发、裕发、逢生、荣生、广福等行号的增设[18]，"到了民国十四年（1925年），梧州经纪行发展到40多家"[19]。后来抗日战争爆发，1938年广州沦陷，下河水路中断，梧州作为物资集散的地位一时受到影响，"经纪业受到重大打击，能存留下来的只不过10余家，而且业务清淡，处于半停业状态"。[20]直至1945年9月梧州光复后，平码行商号纷纷回梧复业，"在初期开业复业的已有20~30家，……至1948年年底发展到130多家，是经纪业的全盛时期"[21]。到1948年后半年，由于行号的剧增、商号间日益激烈的竞争，部分商户参与了港币、黄金、白银、棉纱等投机活动，囤积居奇。国民党政府滥发纸币，导致货币贬值、物价波动、通货膨胀，导致许多商号面临绝境，一天之内有数家经纪行宣告倒闭。到了梧州解放前夕，"经纪行存留下来的只有50~60家，整个行业又进入衰退阶段"[22]。

由此可见，梧州经纪业从开埠到新中国成立前的这段时期内，它的兴衰起伏是很大的。新中国成立后，随着国家对私营工商业的利用和限制，在历史上曾经左右过梧州市场经济变化的经纪业，逐步被国有经济代替，到了1955年，整个行业已基本被淘汰。[23]

二、梧州经纪业对航运交通的积极影响

近代，梧州经纪业发展优于广西其他城市，是这个时期广西经济的中心。梧州经纪业在推动对外贸易的过程中，又与航运交通有密切的联系，主要体现在其积极方面，它有效地促进航运交通的网络化，并推动着航运交通的快速发展。

（一）近代梧州航运交通的发展状况

梧州自开埠来，航运业有了进一步的发展。开埠后到新中国成立前，梧州的航运交通经历了繁荣、萎缩与复兴的发展阶段。

梧州在光绪二十三年（公元1897年）通过《中英续议缅甸条约》付款专条，被英帝国主义辟为通商口岸，条约付款专条写道："……将广西梧州府，广东三水县城江根墟开为通商口岸，作为领事驻扎处所，轮船由香港至三水、梧州，由广州至三水、梧州往来"[24]，"（光绪）二十四年，……桂之西江……许外轮航驶"[25]。在这样的背景下，梧州成为广西进出口贸易的港口，而航运业也与当时的经纪业、银钱业、鸦片业成为梧州的四大支柱行业，影响着梧州的近代经济贸易。从开埠到1937年抗日战争前，总体上说，梧州航运交通曾呈现向荣景象，"当时梧州沿江机动船舶、民船满载旅客或各类物资，穿梭不停"[26]。"'龙山''龙江'两外轮开始不定期航行穗梧线，'镇安''镇威'两外轮开始不定期航行港梧线。"[27]1918—1919年，往来梧穗、梧港线的轮船有"十余艘，民船尤多，每天往来以万数"[28]。1937年抗日战争爆发后，到了1938年10月，广州沦陷，海陆交通线随之被封锁，西江下游多处航线被中断，而在日本帝国主义的侵略下，"梧州大多数航业筏、轮船遭到战争破坏。……陷入了萧条的境地"[29]。这时，梧州航运交通处于萎缩阶

段。至抗日战争胜利后,梧州光复,航运交通开始得到恢复,进入复兴阶段。

(二)经纪业促进梧州航运交通网络化

开埠后,由于资本主义经济势力入侵,洋货、土特产等商品的进出口需求大大增加,为适应省内外城乡物资交流和往来客商贸易频繁的需要,经纪业也兴旺发展起来。但由于广西陆路交通道路梗阻,近代的广西交通又以航运为主,因此,对于具有发达水系的梧州来说,航运交通方面显示出很大优势,这为梧州经纪业在省内外的商品交流提供了交通条件。

由广西主要河流分布系统(图1.1)可知,广西河流除湘水经全州流入湖南外,其余都汇入梧州,然后流向珠江。梧州以西江干支流为主水运网络,然后直接连通两广地区,成为连接粤港市场的交通枢纽和运输中心。其他的城镇,如桂林、柳州和南宁为次中心。从整体上看,广西近代城镇的布局结构与西江水系网的构造是一致的,同时又呈现出梯级状。所以,为了充分利用水路优势,形成一个较为完备的市场贸易网,从而有更大的空间来提升梧州经纪业的发展,中外航商纷纷以梧州为中心,先后开辟了梧穗线(梧州—广州)、梧港线(梧州—香港)、梧江线(梧州—江门)、梧柳线(梧州—柳州)、梧邕线(梧州—南宁)、梧贵线(梧州—贵港)、梧长线(梧州—长安)、梧桂线(梧州—桂平)、梧平线(梧州—平乐)、梧都线(梧州—都安)等10条不定期的客货运输航线。此外,又以南宁为中转站开辟了南宁—百色、南宁—龙州、南宁—梧州、南宁—贵港等航线,由此形成了一个以梧州、南宁为枢纽的航运交通网络。[30]

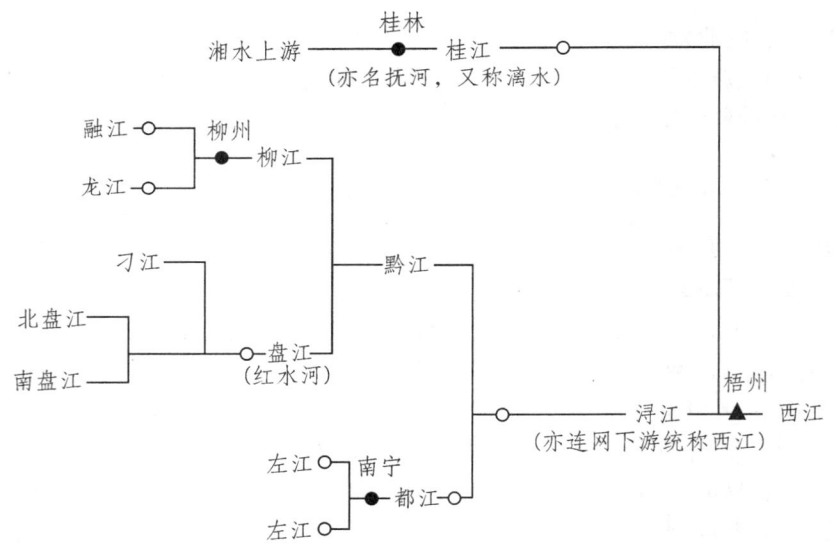

图1.1 广西主要河流系统及主要城市分布示意图

▲代表一级中心市场;●代表次级中心市场;○代表中间市场

资料来源:广西省政府统计处:《广西年鉴(第一回)》[Z],南宁:广西年鉴出版社,1933:33。

广西省政府统计处:《广西年鉴(第二回)》[Z],南宁:广西年鉴出版社,1934:29。

随着广西农业经济商品化的提高,广西进出口贸易额也相应增长,经纪行中介的商品数量大大增加。作为重要的货品集散地的梧州，充分利用航运交通网络，在广西迅速形成了一个销售洋货、外省国货和收购广西土特产品的组织严密的商业网，把触角延伸至全省各个地方，并发挥了重要作用。

（三）经纪业推动梧州航运交通快速发展

自开埠后，梧州经纪行中介的商品数量有所增加，随着外国资本的流入，出现了查甸、天和、仁和等洋行，这些洋行多委托经纪行购入桐油、茶油、茴油等植物油类和各种土特产品运往港澳，然后从港澳输入大量的煤油、纱布、五金、化工原料和各种洋货委托经纪行销售。在商业利益的刺激下，梧州华商纷纷投资于航运交通业中。如梁颂唐等人在1908年成立了第一家集资的轮船企业——梧州航运有限公司。到了1912—1934年间，梧州商人在梧州先后兴办了20多家航运公司。[31]

又如广州兴业实业公司梧州分公司，在梧州西江拥有七艘长期航行的汽轮，在1911年到1920年间独自专拖从广州至梧州的盐运；其他船商在1921年到1930年，也购置汽轮纷纷参加梧穗线散托盐运业。[32]其他从事经纪经营的大资本家纷纷投资到航运交通上，这为航运交通提供了有利的发展条件。

在外贸经营方面上，以1933年统计数字为例，进口数梧州为1 961艘次，南宁为419艘次；出口数梧州是1 935艘次，而南宁只有387艘次。[33]通过梧州关与南宁关进出口船只艘数的比较，说明梧州经纪业的发展，对航运交通起到促进作用。

经纪业推动对外贸易的快速增长，为近代航运交通运输发展提供了动力，[34]梧州因此发展成为近代对外贸易的港口，成为广西进出口枢纽，并且有力地推动了广西航运交通的发展。

三、航运交通对梧州经纪业发展的作用

"贸易之扩张，商业之发达，全赖交通之便利。"[35]"自古以来，广西的东、西、南、北各个方向的农村和集镇，主要以水路交通为主。"[36]"水路运输主要指西江航运。……西江干支流沿江一带，分布着大小不等的平原，地势平坦，土壤肥沃，商品经济发达。"[37]新中国成立前的广西交通以水运为主，大宗的商品"十九须赖水运"[38]。因此，处于三江汇合的梧州，在航运交通上具有很大优势。航运交通的发展，为近代梧州经纪业的发展提供了条件，并影响了经纪业结构的演变。

（一）为梧州经纪业的形成提供了客观可能

航运交通对经纪业的形成有重要的影响。早在明清时期，交通要道上就出现许多大圩镇，这些圩镇不仅是本地区农民互通有无的中心，而且是各种货物的集散地。[39]在这些大圩镇中，以苍梧县戎圩、桂平县江口圩和平南县大乌圩最为繁盛，其中又以苍梧戎圩突出。戎圩地处桂浔两江河流之处，为广西门户，地理位置好，航运交通便利，故有"一戎（苍梧戎圩）二乌（平南大安）三江口（桂平江口）"[40]之称。这形象地说明了戎圩在商品交换中处于交通要道的优势地位，因此，梧州的经济贸易，以戎圩为物资的集散地。"梧州被辟为通商口岸前，戎圩就是谷米集散地，每天从附近各县圩镇及西江上游各圩镇运来的谷米达18万斤左右，大都运往广东佛山、西南、勒留一带销售。故有'出不尽戎

圩谷'之美誉。"[41]除此之外,还有"布匹、铜器、油、豆、杂货等十三行"[42]。

但是,这个时期的经济贸易活动又以单纯的水路运输为手段(1915年邕武公路修通以前)。[43]在这样的条件影响下,"为了适应物质交流和贸易频繁的需要,以居间贸易、代客买卖为主的平码行(后称经纪行)便首先在戎圩形成"[44]。那时,木帆船往来于西江上下游各地,出口多为谷米,进口多为食盐。有"撑不尽的戎圩谷,斩不完的长洲竹"的说法。[45]戎圩的经济贸易日益发达,贸易需求量逐渐增大。但"龙圩(戎圩)附近河道涸浅,较大船只往来不便,不若梧州河道宽广,能容纳较大拖轮的停泊,加上梧州处于西江、桂江两河的汇集点,交通比龙圩方便。……因此,省内土特产的集散逐渐由龙圩移到梧州"[46],经纪业也就转向梧州发展。这说明梧州具有发展经纪业的航运交通优势。

(二)为梧州经纪业进一步发展提供了便利

随着集散地向梧州转移,1885年前后,隆昌筏、遂生筏、鸣安筏和公昌、源来、惠安等十七家经纪行在梧州开设。那时,交通运输工具以民营乡渡、脚踏车排船为主,这些船比帆船更为便捷。这样较先进的运输工具,开始频繁出现于西江上下游,积极带动了梧州的经济贸易,为经纪业的发展提供了便利。

1897年,梧州被辟为通商口岸,交通也日渐发达起来。"在1900年左右,与港澳间开始有了镇安、镇威两艘小型机动轮船来往行驶。……省梧之间(即广州与梧州间)则有了穗兴祥车渡行驶,续后又有广威、和贵、广泰、西南、南宁、连滩等较大型的机动客货轮行驶。"[47]这样,梧穗、梧港之间,交通更加方便,上下河货运也日渐频繁。特别是在"1902年以后,英商渣甸洋行、英商天和洋行和英商人和洋行相继来梧州购水位码头,设水筏经营西江航运业"[48],因为"平码行行号的业务以居间代客买卖为主,省内西江桂江两河各地土特产运到梧州后,绝大部分都是通过平码行号输送港、澳和广东各地;……代办运输手续,转往桂林、南宁、柳州、百色、庆运等地销售"[49],再加上"经纪行经营的商品,大多是生油、茶油、桐油、谷米、豆类、花生麸、糖、青麻、土制杂货等,又以谷米为最大宗,货物吞吐量很大"[50],所以,便捷繁荣的梧州航运交通线,给经纪业提供了进一步发展的机会。"计1921年左右,先后增设的永来、安源、广宽、恒信、晋昌、成安、公和利等十多家,由原来的十七家发展到二三十家。"[51]

这表明,梧州航运交通的发达,为经纪业的进一步发展创造了条件,因此梧州的经纪业条件最好,容易成功[52],并刺激了不少人在梧州从事经纪业,使其成为梧州商业的一个大行业。[53]

(三)有助于梧州经纪业商品经营的扩大

自梧州开埠后,梧州航运交通得到了很快的发展,后来又开通梧穗线、梧港线和梧江线,使得梧州上下河货运日趋频繁。"梧州开埠至年底约七个月的时间,……水上货运,原出口之货共值银七万四千五百余两,……外国商品宗输入量达 1 388 893 海关两。"[54]资本主义经济势力利用水路交通的手段,对梧州进行经济入侵,在客观上使经纪业经营的商品范围得以扩大。

清咸丰年间,梧州经纪业为单纯的土特产购销;开埠后,就逐步扩展到洋杂百货的代客买卖。商品经营范围的扩大,得益于便捷繁荣的交通线。例如,1897年开埠后,洋货大量涌入市场，当时浔、桂、黔、郁诸江上游各埠商人将粮油土特产品运到梧州出售后，许多商人需采购棉纱、布匹、煤油灯洋杂商品回程。于是在以代购代销粮油土特产品发展起来的梧州经纪业中，便有商号兼营起代购洋杂百货商品的生意来。[55]由此看出，因为有新的市场需求，加上水运交通的发达，经纪业的营业范围得到了进一步的拓宽，还涉及洋杂百货的代客买卖。同时，经纪业的土货经营也没有因此而衰落；相反，土货和洋货的双向交流得到了更大的发展。不管是大宗产品谷米、桐油、柴炭、牲口以及洋纱洋布，还是小额交易的花生、芝麻、黄豆、牛皮、鸭毛以及旧轮胎之类的小商品，都属于经纪业的营业范围。甚至在梧州有经纪行经营颜料的代客买卖[56]，还有经纪行专门代客买卖的鱼苗。[57]

可见，梧州水路的繁荣，使得货流密度增大、商品交换增加，大大扩展了经纪业的商品经营范围。

（四）加深梧州经纪业对其的依赖程度

航运交通对近代梧州经纪业的发展有其积极的方面，但又对梧州经纪业产生了消极的影响，主要表现在梧州经纪业对其依赖程度的加深。因此，航运交通的变化关系着经纪业的发展。

在新中国成立以前，广西的公路和铁路运输并不占有重要地位。从近代时期广西的交通运输发展阶段来看，可以分为三个阶段：一是单纯的水路运输阶段（1915年邕武公路修通以前）；二是以水路运输为主、以公路运输为辅的阶段（1915—1940）；三是以水路运输为主，以公路、铁路运输为辅的阶段（1940—1949）。[58]这表明，水路运输始终是近代广西交通运输的重要手段。因此，对于以进出口行的业务为导向、组织各客商之间的购销活动为主要业务的经纪业，在货流密度增大、客商流量剧增的情况下，对航运交通的依赖程度随之加深。这主要体现在1937年抗日战争爆发到1945年梧州光复这个时期。抗日战争爆发后，1938年广州沦陷，"梧港、桂粤水路交通中断，上下河物资运输完全处于停顿状态，平码行业（经纪业）受到重大打击，……不得不把业务结束，迁往上河暂避"[59]"梧州物资集散地位一时处于基本瘫痪状态……能存留下来的只不过10余家"[60]"三四月后，梧州至肇庆水路交通逐渐恢复，给这个行业打开了一条出路。"[61]兴起了跑街经纪。后来，"梧州光复，各行业商户纷纷来梧开业和复业，经纪业初期开业的已有20~30家"[62]。"到了抗争胜利之后，……对被敌人破坏的粤汉、湘桂等铁路和一些主要公路没有及时修建恢复通车，梧州便突出地成为水运的枢纽，上下河各地的土特产品和样杂百货都汇集到梧州，通过平码行业居间进行代客买卖，从而促进了平码行业的急剧发展。"[63]可见，梧州经纪业的发展对水路运输具有一定的依赖性，因此其发展也因水路运输的变化而相应受到影响。

综上所述，近代梧州经纪业的变化发展与航运交通是紧密联系的。自1897年梧州开埠后，梧州经纪业通过进出口货物经营，有力地促进了航运交通的网络化，进而推动其快速发展。而航运交通的不断完善，和新式航运工具的应用，又为梧州经纪业的进一步发展提供了有利的条件和环境。因此，航运交通的变化，也在很大程度上影响了近代梧州经纪业的兴衰变化。

结　语

近代梧州经纪业在走上社会主义道路之后,逐渐被国营所替代。但到20世纪80年代后,因经济体制的改革,经纪业得以重新进入市场,经纪人也活跃起来。他们介绍买卖、组织交易甚至引进外资、技术和人才。自中国加入WTO以来,经纪业在经济发展中发挥了越来越重要的作用。而广西又面临着西部大开发、东盟经济区建立、泛北部湾经济圈以及泛珠三角区域合作经济圈形成的大好形势,经纪行业更是大显身手。现在梧州提出"依托黄金水道,重兴百年商埠"的发展理念,更为梧州当代经纪业的发展提供了难得的机会。

"以史为鉴,可以知兴衰",历史是现实的镜子,现实是历史的继续和发展。近代梧州经纪业与航运交通的相互作用,给梧州今后经济的发展提供了一些启示:第一,要充分发挥经纪业的市场功能。第二,不断完善航运交通网络,加快各区域物流交往,促进经纪业的稳定发展。第三,有效利用发达便利的交通条件,积极参与区域经济交往,以更好地带动梧州经济发展。

注　释

[1]辞海编辑委员会.辞海[Z].上海:上海出版社,2003:852.

[2]杨业兴,黄雄鹰.右江流域壮族经济史稿[M].南宁:广西人民出版社,1995.

[3][25][27][29]钟文典.广西近代圩镇研究[M].桂林:广西师范大学出版社,1998.

[4][11]刘爱新.近代广西经纪业的形成和发展与商业繁荣[J].黔东南民族师范高等专科学校学报,2004,22(2):28-31.

[5][32]刘爱新.经纪行与梧州商业近代化[J].经济与社会发展,2004,3(5):124-126.

[6]丁日初.上海近代经济史[M].上海:上海人民出版社,1994.

[7]庄维民.近代山东市场经济的变迁[M].北京:中华书局,2000.

[8]汪敬虞.中国近代经济史[M].北京:人民出版社,2000.

[9]纪孟繁.中国古代商贸活动中的经纪人[J].文史知识,1996(5).

[10]吴绍珉.我国历史的经纪人及行业组织考略[J].史学月刊,1997(5).

[12]梧州口岸外经贸志[Z].广西对外经贸委驻梧州口岸办事处,1991:50.

[13]张先晨.广西经济地理[M].桂林文化供应站,1941:228.

[14]饶仁坤,陈任华.太平天国在广西调查资料全编[M].南宁:广西人民出版社,1989:41.

[15](清)谢启昆.广西通志·经政略(卷十一)[Z].南宁:广西人民出版社,1988:36.

[17]黄铮.广西对外开放港口——历史、现状、前景[M].南宁:广西人民出版社,1992:249.

[18]宋永忠,李志亮.论近代新式内河航运发展与腹地商业结构的演变——以西江流域广西为中心[J].经济与社会发展,2008,6(4):12-14.

[19][40][41][48][49][50]陆冠芝,黄以章.平码行的形成和发展变化[A]//梧州文史资料选辑(第2辑)[C].

[20]桂政纪实[Z].桂林:广西政府十年建设编纂委员会,1946:1444.

[21][22]达川.梧州经纪业的历史兴衰[A].梧州文史资料选辑(第18辑)[C].政协梧州市委文史资料组.

[23][51][52][53][54][55]复旦大学历史系中国近代史教研组.中国近代对外关系史资料选辑(1840—1949)[Z].上海:上海人民出版社,1977.

[24]赵尔巽,等.清史稿·卷一百五十(交通二)第十六分册(志)[M].北京:中华书局,1976:4459.

[25][42]梧州史话[N].梧州日报,1982-01-03(7).

[26]苍梧县志编撰委员会.苍梧县志·经篇五[Z].南宁:广西人民出版社,1997:13-14.

[27][20]西江梧州航运史沿革资料(油印版)[Z].梧州:梧州航运分公司缩印,1982:74,23-24.

[28][29][56][57][58]马依,舒瑞萍,等.广西航运史[M].北京:人民交通出版社,1991.

[31][59][60]陈公博.中国经济年鉴(下)[Z].上海:商务印书馆,1936.

[33]沈云龙.民国经世文编[M].台北:文海出版社,1974:4820.

[34]黄体荣.广西历史地理[M].南宁:广西民族出版社,1985:170.

[36]千家驹.广西省经济概况[M].上海:商务印书馆,1936:17.

[38][44][62][63]司政宗.梧州开埠前后的经济贸易[A]//梧州文史资料选辑(第11辑)[C].政协梧州市委文史资料组编.

[43]梁桂清.解放前梧州工商业发展情况及其特点[A]//广西地方史民族研究集刊(第二集)[C].广西师范大学历史系,1986:83-84.

[45][61]梧州市商业局.梧州市商业志[Z].1995:17.

[46]李忆中,黎荃梧.颜料行业兴替史[A]//梧州文史资料选辑(第3辑)[C].政协梧州市委文史资料组编.

[47]黎超良.解放前的长洲渔苗捕捞业[A]//梧州文史资料选辑(第6辑)[C].政协梧州市委文史资料组编.

玉林天地会研究

政史学院历史学 2007 级　陈小平

指导老师　杨天保

摘要：天地会是近代中国民间自发形成的一种秘密结社组织。清嘉庆八年（1803年），广东客民将天地会组织传入玉林。此后，随着玉林人口的剧增、土地兼并的日趋严重和人地关系的日益紧张，玉林天地会得到迅速发展。与他处不同的是，玉林本地一大批下层绅士直接参与了结社组织，并成为其中的领导者，对自身的组织结构进行了若干调整和改革，使得玉林天地会活动在一时之间很快就迎来了一个高潮。但是，下层绅士的狭隘观念和利益驱动，并未能为此提供足够持久的动力。相反，晚清政府乘虚而入，抓住时机，联合中上层绅士等传统势力，采取举办地方团练等诸多措施，相继镇压了玉林各地的天地会活动。不过，玉林天地会忽起忽落、忽盛忽衰的短暂历史，对于近代玉林的基层秩序和经济发展，却影响深远。这段历史足以表明，基层民众永远都是一股强大的、具有自我组织属性的潜在力量。当前需要关注的不仅仅只是民生疾苦，更应尊重、引导基层民间力量，努力促使现代民间自组织成为建设和谐、稳定社会的有效力量。

关键词：玉林，天地会，秘密结社，民间自组织

前　言

天地会问题是中国近代史上一个严重的社会问题。对于天地会的研究，我国始于民国初年。在民国，我国学者主要是对天地会的源流、组织结构，拜会仪式和联络暗号等问题进行了大量的考察和研究，重在收集和整理天地会文献、资料，并出版了一些专著，其中陶成章的《教会源流考》、萧一山的《近代秘密社会史料》、罗尔纲的《天地会文献录》是其中主要的代表作。新中国成立后，在 20 世纪 80 年代前，我国老一辈的史学家继续对天地会进行了深入的研究，并取得了重大成果，出现了以罗尔纲、谢兴尧、袁定中、戴逸、邵循正、魏建猷为代表的学者群体，其中的代表作有谢兴尧的《太平天国前后广西的反清运动》、刘如仲的《台湾林爽文起义》。

20 世纪 80 年代以后，有关天地会的专著、论文不断出现，有关资料、文献不断地被发掘、整理出版，这时期主要的学术研究成果有：蔡少卿的《中国近代会党史研究》《中国秘密社会》，秦宝琦的《清代前期天地会研究》《中国地下社会》和周育民、邵雍的《中国帮会史》等专著。

广西天地会的研究也取得了相当大的成果，其中的代表性著作有徐舸的《清末广西天地会风云录》及朱俊强的《秘密结社与社会控制：广西天地会研究（1794—1921）》，这两本著作详细地叙述了广西各地天地会的情况；相关论文，如徐舸的《试论清末广西天地会起义的内部组织及特征》（载《学术论坛》，1990年第3期）、彭大雍的《近代初期广西天地会与上帝会之比较研究》（载《浙江学刊》，1987年第1期）以及彭大雍的另外一篇论文《近代初期广西天地会米饭主考探》（载《学术论坛》，1985年第7期）等，表明学术界对于区域性天地会的了解逐渐加深，天地会和上帝会的比较也取得比较好的成果。虽然学术界对区域性天地会的研究取得了很大的成就，但对于区域性天地会的研究还有进一步深入研究的价值，如玉林天地会的研究。而本文主要通过研究玉林地区的天地会活动，让大家更清楚地了解玉林天地会的一些情况，以及在天地会活动下近代的玉林社会状况。

一、玉林天地会的兴起、发展

天地会是长江以南诸省群众的秘密结社，社会成分比较复杂，主要是农民、手工业者、市民和游民等。天地会究竟何时创立，在史学界长期有着很大的争议。据《广西通史》载，它创立于康熙十三年（1647年）。天地会的名目很多，三合会、三点会、双刀会、清水会、匕首会等都是它的别名，《郁林州志》载："天地会，又名添弟会，即哥老会之变名。"[1]天地会对外总称天地会，对内则自称洪门，因"尊天为父，尊地为母"而由此定名为天地会。

（一）兴　起

玉林天地会兴起于嘉庆八年（1803年），也是广西最早发现天地会活动的地方。据《秘密结社与社会控制：广西天地会研究（1794—1921）》记载："天地会在广西的传播……最早发现于嘉庆八年。"[2]而此次发现天地会活动的地点则是在玉林的博白，是由广东客民传入玉林的。据广西巡抚百龄奏博白县拿获广东合浦县①添弟会首折记载："（嘉庆）三月初二日闻有广东连界之合浦县民冯老四，灵山县民林定帮、林青上、葛大权，勾诱博白县民赴合邑地方劫掠滋事。"[3]嘉庆十年（1805年），两广总督倭什布在奏审王政清的折子当中披露了此次天地会活动传入博白的情况[4]：

缘王政清籍隶广西博白县。因不务正业，久经伊母颜氏逐出，与钦州人冯老四、合浦县人蒋正孺，并与灵山县人葛大权、林青上、林定帮素相交好……嘉庆八年十二月间，该犯与冯老四、蒋正孺、葛大权、林清上、林定帮先后至宾温氏家闲坐。谈及贫苦，冯老四前曾出洋为盗，习惯行劫，起意纠人结拜添弟会，抢掠财物分用，各皆允从。

（二）发　展

天地会在玉林的活动时间主要是在晚清时期，期间主要的天地会活动有容县范亚音农民起义、周彩观起义、李立廷领导的桂东南戊戌起义等。

自天地会由广东客民传入玉林之后，天地会逐渐在玉林本土传播开来，有关天地会在

---

① 合浦、钦州、灵山今属广西。

玉林活动的记载逐渐增多。

1. 容　县

嘉庆十四年（1809年），"缘黎树、林木水、邹华生、李有梅、潘义胜、陈郁斌均籍隶容县。黄亚二籍隶北流县，与在逃之韦老六、李耀彩、彭伦常互相认识。嘉庆十三年十月初五日，韦老六、李耀彩、彭伦常至黎树家闲坐，谈及穷苦难度，常被人欺。韦老六起意纠人结拜天地会，遇事彼此帮助，并可乘机抢劫银钱使用，黎树等应允，约定初十日在容县牛头岭三界庙结拜"[5]。

嘉庆十五年（1810年）七月十四日，"有谢帼兰起意结拜添弟会，与梁建昭先后纠邀梁奇文、潘建斌入伙。该犯等希图抢劫得财，均各允从，约定十五日在五里口空庙结拜"[6]。

2. 玉林州

嘉庆二十四年（1819年），"缘黎开绍籍隶郁林州，居住船埠街，与伊兄黎开缵先后中式武举……黎开绍、黎开缵为人强横，与在逃之李昌泰素好。二十二年间，黎开绍起意纠人结拜添弟会，与李昌泰商允，随设立会簿，令李昌泰转邀已到案之蔡二、唐幅祥、陈逢广、杨开贤、詹合利病故之吴甫英、傅观保及尚未到案之管姓等共四十余人。每人出钱二百，买备香烛，于五月十三日在六成寺结拜，不序年齿，共推黎开绍为大哥"[7]。

"玉林人咸丰元年春窜扰玉林、兴业、北流、桂平、贵县，容县都司秦如虎赴大洋防堵。"[8]

3. 北　流

"北流县人，自咸丰元年六月，聚数百人劫掠村墟，捕之辄逸。以后聚党愈众，土匪、外匪倚为米饭主①。二妹亦恃股匪为援，据巢固守。"[9]

4. 博　白

"博白土匪大股，咸丰三年春，党当至万余人偏扰广东、广西交界。"[10]

5. 陆　川

"何亚木、黄八晚、王德福等乘虚窜据陆川清湖墟，谢芝薰掩至纵击全股扑灭。"[11]

6. 兴　业

"'洪门会'桂东南农民起义军首领谢三妹（兴业县沙塘乡松木塘村人，客家人）在兴业县山心乡与贵县湛江乡交界处的'翻车坳'立寨为营，招兵买马，并提出'劫富济贫'的口号。"[12]

到了道光年间，玉林天地会发展至最盛，几乎到了"遍地转红，无村不有大哥"[13]的程度。

---

① "米饭主"是太平天国起义前期广西一带与天地会有密切关系的武装集团，大多是由当地地主、豪绅建立的武装组织，最初多属于团练，因看到天地会势力强大而归附天地会。

(三)兴盛缘由浅析

天地会在玉林这块土地上能快速生长并传播开来是有众多历史原因的,其中最主要的原因是人口的不断暴涨,土地兼并严重。据《玉林市志》记载:"光绪十九年(1893年),玉林州人口为33.3万,比明崇祯元年增加8.79倍;嘉庆十六年(1881年)兴业县人口为7.52万,比崇祯元年增加7.17倍。"[14]人口的不断增加,引发了一系列的社会问题,其中最严重的是土地问题。而当时玉林"由于资本主义的入侵、本地土地迅速高度集中和人民的生活日益贫困化,地主阶级为了满足自己奢侈的生活需要,兼并土地不择手段,剥削人民无所不极"[15]。人口的不断暴涨,土地兼并严重,使更多的人民失去生活依托,贫民越来越多。由于失去土地,陆川县农民"其年壮有力者,或采樵以资弥补;老弱者,多典当衣被过渡"[16],贫民嗷嗷,社会矛盾空前激化。而天地会在玉林的形成,使大多数贫苦百姓选择参加该组织。天地会的口号有"反清复明""劫富济贫""上等之人欠我钱,中等之人垫高眠,下等之人同我去,好过租牛耕瘦田"等,这些口号对于贫苦百姓是十分有吸引力的,贫苦百姓加入天会后进行一些反社会的活动,从中劫掠财物,可以满足一些物质上的需求。再加上清中后期,天灾不断,人民纷纷加入天地会。兴业县天地会首领谢三妹就由于忍受不住天灾,领导兴业县天地会进行起义:"清光绪二十四年(1898年)天大旱,民不聊生,兴业县农民首领谢三妹率领农民揭竿起义。"[17]类似的情况还有很多,咸丰三年(1853年),容县"飞蝗遍野,岁大饥,斗米钱过五百,沿途饿殍无数"[18],县官对人民疾苦漠不关心。于是,爆发了威震两广的以范亚音为首的容县农民起义。

二、玉林当局对天地会的剿杀

天地会的迅速发展引起了清政府的高度重视,清政府制定了相关的政策进行剿杀,对天地会进行了严厉的打击。

(一)颁布《乡约条规》

从嘉庆朝开始,广西社会渐显不安趋势;在人口稠密的玉林地区,"已有千百成群的流丐,每日结对入乡;向殷户强索钱米;不厌不去"[19]。迨至道光年间,玉林各地天地会纷纷转红,盗如牛毛。1821年(道光元年),广西反动统治者为了加强对广西农民的统治和镇压天地会的活动,炮制所谓《乡约条规》,叫嚣"结拜添弟会,是第一件大犯法的事""进了天地会,便是朝廷的罪人",要"受极刑处死"[20]。若为"会匪",就要立予拘留,施以酷刑。随后"就用手镣脚铐捆作一团,如同猪狗一般,丢在牢里,要吃不得吃,要睡不得睡,受尽牢狱之苦""然后分别定罪";即使不是"受极刑处死",也要"解往新疆万里之外,……也是一条死命"。[21]由此可见,清政府取缔会党的法令刑罚是非常严酷的。然而,参加天地会的群众却趋之如鹜、与日俱增。据《郁林州志》载,到了"道光年间,州中此会最多,至甲辰(1844年)、乙巳(1855年)尤盛,几乎无村不有大哥"[22]。

(二)制定严厉的刑事政策

从嘉庆八年(1804年)玉林发现天地会活动起,当局为了"净化"民间风气,打击结拜之风,严禁一切结拜形式向秘密结社方向发展,就对参加天地会的民众制定了严厉的刑罚。"凡异姓人歃血定盟,焚表结拜兄弟,不分人数多寡,照谋叛未行律,为首者,拟绞监候。其无歃血盟誓焚表事情,止结拜兄弟,为首者,杖一百;为从者,各减一等。"[23]

异姓结拜兄弟,是我国民间的一种风俗习惯,但清廷统治者却把它上升到法律的高度来认真对待,并作为最严重的反社会犯罪行为中的谋叛罪加以处罚,可见清廷对天地会的担忧已经达到无以复加的地步。而对于已经发展起来的天地会,清政府"无论是否造成实际的社会危害,一律严厉地镇压。对天地会的成员,无论其是否有犯罪的犯意和犯罪的举动,也无论其行为是否具有现实的危害性,只要其加入天地会组织,就一律处以严厉的刑罚"[24]。

在查处冯老四纠博白人王政清入会一案中,玉林当局为了警告民众,查看并宣读了《大清律例》中对天地会会众的处罚,这些处罚制度在《天地会·七》有记载:凡大逆但共谋者,不分首从,皆凌迟处死,本犯之兄弟皆斩,财产入官。又例载:逆案内律应缘坐男犯十六岁以上者,发往黑龙江,给索伦达呼尔为奴。又例载:不法匪徒潜谋纠结复兴天地会名目,抢劫拒捕者,首犯与曾经纠人及情愿入伙、希图抢劫之犯,俱拟斩立决。其并未转纠党羽者,俱拟绞立决。[25]在此案件中,冯老四、林定帮、林青上等会首被"凌迟处死,业被格杀,仍应剉尸枭示""家属律应缘坐,财产应行入官";叶春芳、符奇高等纠人入会,复兴天地会者应"斩立决";"孔志德……四犯听从入会;俱未纠人,均应照例拟绞立决";"梁日华……五犯,均系被协入会,挑担随行,并未转纠伙党,平日亦未为匪",被"杖一百,流放三千里,仍照叛案干连流犯,分解黑龙江并伊犁等处安插管束"。[26]由上我们可以看出,玉林当局对参加天地会的会众处罚是相当严厉的,不管是天地会头目还是普通会众,一旦落网,处罚就非同一般,甚至连累到家属。

(三)举办团练

清政府为了更有效地对付天地会,开始举办团练,并逐渐构成一个严密的社会控制网络。这个网络在扑灭天地会的过程当中发挥了重要作用。而举办团练,在玉林是极为典型的。清前期玉林就有团练,"清顺治十七年(1660年),知县贾汉谊会同参将,挑选里民,训练乡勇,参与防守关隘,北流有团练始于此"。到了康乾盛世时期,由于社会较稳定,团练没有得到重视,"乾隆十一年(1746年),裁撤各里团练"[27],"道光二十六年,玉林知州叶绍棠谕令各乡村创立团练,防御'艇匪';同年,各村置备器械,练习丁壮,是为近代团练兴起之始"[28]。当时玉林的团练"或数十村、或百余村、或二百余村共成一团。其村庄多地方阔者,又于大团内分立数小团"[29]。咸丰四年(1854年),玉林设有9个团:一心团、永清团、仁厚团、定南团、西安团、磐石团、和衷团、卫良团、靖北团。而且大团之中又分有小团:"州内有一心团联203村为一大团,南北50里,东西60里,中又分10小团;仁厚团联14保甲为一大团,又分5小团,南北50里,东西40里;定南团联153村4街2墟1为一大团,分为7小团;西安团联7堡94村为一大团;等等。不仅联团普遍,且每团人数多,动辄逾千。"[30]据《秘密社会与社会控制:广西天地会研究(1794—1921)》记载,玉林团练为配合浔州战场的清军行动,地方当局曾调定南团起练360名、西安团350名、任厚团1 000名、一心团2 000名驰往前线,协同作战。当时入团的民众，一圩一村中，少者不下百十人，多者不下千百人，团练成为全民性组织[31]。由此可见，玉林的团练组织已经开始发展成系统化、集团化的准军事组织，且具有广泛的民众基础。

（四）镇压效果

清政府对天地会的镇压措施，构成了一个严密的社会控制网络，这个网络在扑灭天地会的匪劫活动中发挥了重要作用。且玉林地区上层士绅势力较大，天地会活动受到极大的遏制。虽然天地会活动在玉林地区还是旋起旋灭，但由于遭到清政府的打击，难以长久，而在玉林"咸同以后，在这些地区基本恢复了社会秩序，工商业和农业得到发展，成为广西经济最繁荣、最快速增长的地方"[32]，且天地会一些匪劫活动不得人心，人民渴望安定，这注定天地会必然会失败。

三、玉林天地会活动的特点

对于全国的天地会来说，其基本特点是山堂林立，成员复杂，其组成分子主要是破产农民和失业手工业者，且天地会起义缺乏集中统一的领导和指挥。地处桂东南的玉林天地会除了具备天地会的基本特点外，还有自己的特色。

（一）地方下层士绅参与领导

由于玉林邻近广东，经济较广西其他地方发达，地方士绅较多，据《秘密社会与社会控制：广西天地会研究（1794—1921）》记载："郁林方面的天地会组织……工商业较南宁发达，物产丰富，士绅势众。"[33]所以在玉林由士绅领导天地会的案件比广西其他地方高出许多，而"极少参加天地会的士绅主要集中在玉林、荔浦、武缘等经济较发达的东部地区"[34]。

嘉庆二十四年（1820年），玉林会匪黎开绍、黎开缵案件，就是由黎开绍兄弟领导的天地会活动引发的。而他们两兄弟都是玉林当地的武举。又如容县天地会，首领甘木则是团练头领、武职大员；封禄阶则是秀才出身；北流会党首领田福志是清军副将，算得上官场上的人物；玉林天地会中最有声望的会首李立廷，是"世家"出身。这些绅士加入天地会，组织并领导天地会，一般是为了满足自身利益和追求政治权利的欲望，这在清末最为明显。

清末，玉林士绅势众，著名的桂东南戊戌起义就是由玉林士绅李立廷等人发起的。在1897年下半年，天地会在玉林各属已有相当势力，入会者"羽翼日众，势焰颇张"，到了1898年匪患便发展成全面的匪乱，全州局势十分动荡。6月28日，李立廷在陆川平乐墟揭竿起事，然后与廖十八率党众2 000围攻陶姓聚居之石狗寨。破寨后，全寨所有陶姓男丁无论老幼共131人全部被杀。随后，李立廷联合北流、陆川天地会武装和玉林州本地会党共16帮数万人，于7月3日开始进攻玉林州城。与此同时，州属各县天地会武装分别向所在县城发起进攻，玉林各属天地会大暴乱全面开始。

而同时期的广西其他地方，由绅士领导天地会的情况则相对较少。以下是同一时期玉林绅士领导天地会与广西南部天地会中心南宁领导人物的比较。

南　宁

起事时间	会首姓名	职业
1899	王和顺	衙役
1901	闭运培	赌仔
1900	黄五肥	木匠
1904	农世祥	土司
1904	黄龙廷	小贩
1900	周治岐	秀才家庭公子哥

玉　林

起事时间	会首姓名	职业
1898	李立廷	世家子
1898	封禄阶	秀才
1898	蒋锡魁	防营管带
1898	黎仁保	守城官
1898	田福志	已革副将
1898	甘木	武职大员
1898	谢三妹	务农

资料来源：徐舸：《清末广西天地会风云录》，广西师范大学出版社，1990。

从以上表格可见，玉林乡绅阶层领导天地会较南宁典型得多，而正是由于一些地方士绅的狭隘，这帮士绅才领导了天地会；而在玉林士绅参加天地会的现象是明显多于广西其他地方的。

虽然玉林士绅在组织天地会方面发挥了重要作用，士绅的参加使天地会组织的规模越来越大，结构越来越复杂，活动效率得到了提高，但参与天地会活动的主要是一些下层士绅。据《秘密社会与社会控制：广西天地会研究（1794—1921）》记载，玉林"该地的动乱活动不是由外地流入的会党游勇发动，而是本地下层士绅发动的"[35]，"尽管这些人出身于秀才、武举和下级官吏，有一些文化，但当地的土客矛盾和人际矛盾的斗争旋涡，又使卷入其中的下层士绅心胸狭窄，目光短浅，缺乏整体的社会奋斗目标"[36]。如容县天地会会首甘木，由于是"土匪出身，但一直被当地士绅瞧不起"[37]；而封禄阶虽为秀才，"但也因人际关系不好而遭到当地士绅排挤，他们暴乱的目的不过是借机杀尽容县士绅，以解心头之恨"[38]，所以由士绅领导的天地会也给玉林社会带来了很多的破坏，而由于下层士绅的目光狭隘，缺乏民心，遭到民众的反对及清政府的打压，其很快就被当局所扑灭，著名的桂东南戊戌起义也仅半个月就以失败告终。

（二）玉林天地会组织结构的若干演变

天地会在玉林逐渐增多的同时，为了逃避政府等其他方面的打击，它的结盟仪式、暗语和组织结构也在不断发生变化。

嘉庆九年（1805年），广西巡抚百龄在查办博白等县会匪的奏折中，首次详细地叙述了广东钦州人冯老四在合浦结拜时的仪式和联络体系。"当日结拜时，冯老四独自在前，林定帮、林青上、葛大权、蒋如龙、王政清五人排列左右，众伙又在后面罗拜，头目实止六人。木印系冯老四收管，林定帮等都是听其指使。所刻木印上'天俯令'三字，是天地会暗号。冯老四恐写出被人识破，故止写一'天'字，以'俯'字代'地'字，以'令'字作为减笔写的'会'字。这印布、符纸也是天地会内的凭据。至于小木印上'三合主'三字，实不晓得作何解说，其余篆文，都不认识。大红旗上写'招集群义'四字，是招人入会。小红旗上无字，是为引众人走路。黑旗上贴金字迹脱落，原系'顺天发命先锋'六字，俱系冯老四交付与林定帮等分管的"[39]。以上叙述的仪式、暗号、信符等组织方式均由冯老四原封不动从广东照搬过来的，说明这种结盟仪式及暗语不够成熟和隐秘，容易暴露信息。

由于遭到政府的不断打击，天地会为了躲避，得到更好的发展，就不断更换结盟仪式、暗语。嘉庆二十二年（1818年），玉林州黎开绍在本州六成寺结拜天地会。在这次结盟拜会中有了饮血酒的仪式，对不齐心之人会有相应处罚，且会中人与物的代称较前复杂、隐晦。在这次拜会中，"黎开绍簪花披红，众人齐向跪拜，复取酒各刺破中指，将血滴入酒中分饮，并与李昌泰传给众人口号。如见会中人呼老表，口称是竹不是笋。又传给衣襟不扣，发辫倒盘各暗号，又将鸡头砍去，声称以后遇事相帮，如不齐心，以鸡为样。结拜后，饮酒食肉，将会簿交李昌泰收存，各散"[40]。这次的结盟仪式和暗语较以前隐晦、复杂得多，很难看出是与天地会相关的。

在天地会的组织结构中，主要是以一种虚拟的血缘关系为结构的。据《郁林州志》载，不逞之徒，邀聚数百人或百数十人，多寡不等。择深僻地方，定期拜会结盟，推一人为首，称曰大哥；次一人曰老晚，其余群相称曰兄弟。凡入会者，必自言明无父母妻子，惟结盟之兄弟是亲，惟大哥之令是听。[41]这种彼此以哥弟相称、虚构的血缘结构在天地会结构中是最常见的。但这种组织结构并不是一成不变的，随着天地会的发展，这种组织结构也在不断发生变化，彼此以哥弟相称，虚构的血缘关系变得越来越复杂。在容县黎树组织的天地会中，不仅有大哥，还出现了师傅，师傅也成为天地会的首领。在这次拜会中，"众人推黎树为大哥，韦老六为师傅"[42]。而师傅这一职位就打破了虚拟的血缘结构。在"清代前期天地会的首领一般只有大哥和'师傅'"[43]，到了范亚音组织的天地会，组织结构变得更加复杂、完整，挣脱了以虚拟血缘关系为纽带的束缚，甚至形成了一种政权结构。据苏文凤《股匪总录·卷三》载："容县人范亚音，咸丰四年夏，陷容县，踞城设伪官。"[44]在这个政权结构当中，"范亚音遂称总头目，立洪胜堂，发仓谷供粮。拜屡考秀才不中的中农出身的冯骥为军师，吸收举人杨朝枢、革生袁镜作幕客。起义军的骨干有揭二、揭三、甘木、谢雷公、韩三九，及亚音弟范二、范三、范六等。他们各筑馆舍，竖红旗，招文士为幕客"[45]，这个结构十分严密，上下级关系很明显。

四、玉林天地会活动与近代玉林社会

天地会作为一个民间秘密结社，曾一度以"反清复明"为口号，是一种反社会组织，它在玉林的传播和发展势必给玉林的社会经济带来影响。

在近代玉林，经济基础是农业和家庭小手工业结合、自给自足的自然经济，而当时的玉林地区"由于人口迅猛增长,而人均耕地锐减,土地兼并加剧,种类繁多的赋税增加。农村凋敝,农民破产"[46],这也加深了地主阶级和农民阶级之间的矛盾。而天地会"劫富济贫""伸张正义"的主张深受广大农民群众的欢迎,把大批失去土地的玉林人民集结起来,进行反抗。而在历史上,玉林人民具有光荣的反抗斗争传统,天地会"博白刘八起义、容县范亚音起义、兴业周彩观起义、陆川李立廷起义、博白籍刘永福抗法抗日斗争等,这些斗争有力打击了清王朝的封建统治以及帝国主义的侵略,显示了玉林人民不畏强暴、奋力抗争的反抗精神"[47]。玉林天地会活动虽然充分显示了玉林人民的反抗斗争传统,但天地会毕竟是一种落后的团体,它存在许多严重的弱点,在斗争中,具有盲目的破坏主义,且没有明确的政治目标,也给社会经济带来了严重的破坏作用。

天地会的基本成员主要是下层民众,这部分人大多是脱离生产、没有正当谋生职业的游民,这部分人参加天地会主要是为了谋求生活的自保,进行的是一些反社会的活动,在活动当中并没有提出具有建设性的目标和口号,带有盲目的破坏性。在其劫掠活动中,不仅杀戮清廷官吏,而且滥杀无辜百姓,烧杀掳掠,破村屠寨,给人民的生命财产和社会生产带来了极大的灾难。在桂东南戊戌起义中,李立廷在攻破石狗寨之后,把全寨所有陶姓男丁无论老少共131人全部杀光,这种不分青红皂白地乱烧滥杀的行为极其恶劣。有的天地会会匪"初则诱赌强赊,既而盗劫奸淫,无所不至"[48],这些非道德的行为极大地扰乱了基层社会的治安和人民的正常生活。

天地会在玉林的传播,使腐朽的清政府遭到了沉重的打击,玉林人民的反抗精神是不可磨灭的,但也给玉林的社会经济带来了巨大的破坏。

结　语

近代的玉林社会,土客冲突十分严重,人口增长速度快,土地兼并十分严重,贫苦人民游走于大街之上,游民及破产农民数不胜数,而清政府的部分官员们则十分腐败,不理会下层民众的生活困境,民众生活于水生火热当中。为了维持生存,他们纷纷加入天地会,打着"反清复明""劫富济贫"的旗号,给腐朽的清政府以沉重的打击。而清政府面对这股反抗力量,采取了各种严厉的措施,逐渐形成一个严密的社会控制网络,给天地会以严厉的打击,天地会最终以失败的结局告终,但它给社会经济所带来的破坏也很大。人心向定,天地会作为近代的一个民间自组织,它在玉林活动的这段历史足以表明,基层民众是一股强大的、具有自我组织属性的潜在力量,具有坚韧不拔的反压迫精神。而今,社会上也存在着许多民间组织,从天地会这一案例中,我们应该引以为鉴,我们需要关注的不仅仅是民生疾苦,还应尊重、善引基层民间力量,努力促使现代民间自组织成为建设和谐、稳定社会的有效力量。

注　释

[1][3][22][41]玉林市文史资料.鬱林州志[Z].卷十八,纪事篇.光绪二十年.

[2][23][30][31][32][33][34][35][36][37][38][48]朱俊强.秘密社会与社会控制:广西天地会研究(1794—1921)[M].桂林:广西师范大学出版社,2000:6,162,164,91,139,93,23.

[3][4][5][6][25][26][39][42]中国人民大学清史研究所 中国第一历史档案馆.天地会(七)[Z].北京:中国人民大学出版社,1988:159,178,240,245,165,166,164~165,243.

[7][40]庾裕良,陈仁华.广西会党资料汇编[Z].南宁:广西人民出版社,1989:143.

[8][9][10][11][44]苏凤文.堂匪总录[Z].光绪十五年刻本.

[12][27]玉林市政协文史资料工作委员会.玉林市文史资料(第十八辑)[M].1989:53.

[14]陈国河.玉林市志[M].南宁:广西人民出版社,1993:154.

[15][16]玉林地情编委会.玉林地情[M].玉林地区大众印刷厂,1987:49.

[18]容县志编纂委员会.容县志[M].南宁:广西人民出版社,1993:884.

[19][21]北京太平天国历史研究会.太平天国学刊(第二辑)[Z].北京:中华书局,1985:346,347.

[20]广西太平天国史研究会.太平天国史研究文选[Z].南宁:广西人民出版社,1981:130.

[28][29]钟文典.近代广西社会研究[M].南宁:广西人民出版社,1990:39,178.

[43]秦宝琦.中国地下社会(第二卷)[M].北京:学苑出版社,2009:112.

[45]莫乃群.广西历史人物传(第二辑)[M].广西地方史志研究组编印,1981:198.

[46][47]中共玉林市委党史办公室.中国共产党玉林历史(第一卷)[M].2010:5,10.

王灵农场发展史研究（1978—2010）

政史学院历史学 2006 级　何振萍
指导老师　石维有

摘要： 华侨农场是新中国成立以来我国安置东南亚归难侨的重要基地。本文以越南华侨安置点——王灵农场为研究对象，通过访谈及侨联侨办获取资料，窥探王灵农场1978—2010 年的发展历程，为华侨农场的发展提供一点启示。笔者以体制改革作为划分的依据，把发展历程分为初建时期、"大锅饭"时期、改革和探索时期，并从整体的发展现状出发，分析体制改革所出现的问题以及归难侨自身所存在的人口流动、土地纠纷、价值观问题。

关键词： 王灵，华侨农场，归国华侨，华侨华人，发展史

引　言

华侨农场是在 20 世纪中后期东南亚地区大规模排华的历史背景下，我国为集中安置归国难侨而设置的华侨生产生活区。20 世纪 70 年代末，华侨农场所接待的归难侨为 22 万，大多来自越南。华侨农场作为集中安置归难侨的场所，在不同时间安置的不同归难侨具有不同的特点，而且位于不同地方的华侨农林场也有不同的历史和特点。现以个案的形式来窥探华侨农场体制改革历程及其生产生活特点，对总结华侨农场的发展规律、解决华侨农场的发展问题，具有重要的意义。

有关华侨农场的论文及文献，笔者大体将其分两类：

以时间为线索，最早一部叙述华侨农场历史的专著是由中山大学历史系和国营兴隆华侨农场合编的《国营兴隆华侨农场史（初稿）》，完成于 1961 年。之后的四十多年间，几乎没有此类全面叙述华侨农场发展历史和现状的专著出版。一直到 1985 年，才陆续有许多关注农场经济发展和体制改革问题的文章发表在各种刊物上。这些文章大体可从两种视野来划分：一种是从政府侨务工作的角度，另一种是从非官方的学界研究角度。后者如毛起雄、林晓东的《中国侨务政策概述》（中国华侨出版社，1993 年），方雄普、冯子平的《华侨华人百科全书·侨乡卷》（中国华侨出版社，2001 年）。这些著作分别为介绍当代中国的侨务政策和侨乡问题的工具书。进入 21 世纪后，地方华侨志的编辑出版取得了较多成果，如《福建省志·华侨志》（1992 年）、《广西通志·侨务志》（1994 年）、《广东省志·华侨志》（1996 年）等，基本以农场归侨的口述资料为基础，以某一个农场为案例，对华侨农场进行深入剖析和解读，这为全面研究华侨农场提供了翔实生动的资料。

按角度来分。①经济学角度。主要揭示了在经济领域华侨农场经济体制改革所产生的问题和一些应对办法,如李洁、陈仁芬的《广西华侨农场存在的问题及其出路探究》(《八桂侨刊》,2005年第5期),提出广西华侨农场改革的出路。何静、农贵新的《关于华侨农场经济体制改革的思考》(《福建论坛》,1999年第6期),介绍华侨农场改革面临的问题、改革的思路及其出路。②历史学角度。近几年的学位论文有曾玲的《福建武夷华侨农场研究》(厦门大学,2008年),朱绍华的《消雪岭华侨茶场发展史研究》(暨南大学,2009年),孔结群的《重建家园——在祖国不在家乡》(暨南大学,2009年)等。这些文章主要探讨华侨农场乃至全国华侨农场的形成、发展的历史过程、现状以及未来的出路等,其研究方法是文献资料与田野调查相结合。这种"以小见大"的研究方式可以帮助我们很好地从宏观的角度来观察整个地域乃至全国的华侨农场大体的发展走势。③社会人类学角度。我国最早进入华侨农场进行社会学研究调查的,主要是由厦门大学人类学系李明欢及其带领的调查小组,他们以松坪华侨农场为个案,剖析一个特殊社区的历史发展轨迹,探讨归侨群体的社会记忆与认同建构。其中,俞云平的《一个特殊社区的历史轨迹:松坪华侨农场发展史》(《华侨华人历史研究》,2003年第2期),介绍了福建省松坪华侨农场成立的历史背景和农场四十年的发展;刘朝辉的《社会记忆与认同建构:松坪归侨社会地域认同的实证剖析》(《华侨华人历史研究》,2003年第2期),剖析社会记忆如何作用于归侨的认同建构,提出"归侨意识"是一个交织着多重利益的复杂心理过程,对移民的安置不仅要提供物质性安排,更重要的是营建一个和谐宽容的社会心理环境,如此才能使移民与安置地尽快融为一体,共谋发展。他们调查的方法主要采取口述、调查问卷、搜集华侨农场内部所存的文字档案等,这弥补了文字记录的不足。

在过去华侨华人历史研究水平的基础上,广西民族大学教授郑一省目前正在带领他的学术团队对广西的几个典型华侨农林场和归难侨安置点如武鸣华侨农场、十万山华侨林场、来宾华侨农场、企沙镇华侨渔村和侨港镇等进行考察和调研。虽然华侨农场问题是华侨华人的重大学术问题,是侨务工作的热点问题和难点问题,但是由于研究方法的偏向和田野调查的辛苦,大规模田野调查的华侨农场研究缺乏动力,加上相关物质条件的缺乏,华侨农场研究发展缓慢,有关华侨农场的研究一直被华侨华人研究学界所冷落。笔者作为一名王灵农场的越南归裔,从小到大直接或间接接触农场,比较了解其生产生活的各个方面。现以便利的自身资源,以口述采访、调查问卷及走访王灵农场侨联办公室的方式,获取第一手资料,希望为华侨农场的发展规律以及材料的补充尽绵薄之力。

一、王灵农场成立的历史背景

20世纪70年代中期,越南掀起一股排华潮。[1]据统计,归难侨进入中国广西边境的有222 165人,加上从云南及其他地方入境的总共有27万人。[2]为了安置这批华侨难民,国务院于1978年5月在昆明召开接待安置被越南驱赶回国难侨工作会议,难侨基本上集中安置在现有的或新建的国有华侨农场、盐场、工厂或者其他国营农场和工矿企业。在安置方针上与1960年的基本相同,都是以集中为主、分散为辅。广西接待归侨的工作方针与国家政策是相符的。1978年5月,自治区成立接待安置难侨领导小组(1979年2月改名为自治区接待和安置印支难民领导小组)以及办公室,负责统筹全自治区各地接待安置印支难侨难民工作。在接待安置工作中,南宁、钦州、百色地区派出接待组和医疗队,沿边界的钦州、南宁、百色地区派出了接待站和接待点。而安置到广西宾阳王灵农场的大部分归难侨就是受接待的群体之一，见表1.1。

表1.1 难民安置情况

批次	时间（年，月，日）	人数（个）	路　线
第一批	1978，5，27	684	越南广宁—芒街—东兴口岸
第二批	1978，6，14	1 056	越南先安县—越南广河县—芒街—东兴口岸
第三批	1978，7，22	22	越南广宁—越南同登—凭祥口岸
第四批	1978，12，9	30	——
第五批	1978，12，20	153	——
总计	——	1 945	——

注：在各批之间有零散的归难侨回国，据不完全统计，约90人，归难侨总人数为2133人。
资料来源：据前任侨联主席洪锦生笔记整理而成。

二、王灵农场的发展历程

王灵农场初建于1958年3月，前身是用于安插知青（1978年结算人数为300人）的劳改场，以发展水稻为主。1972年，改种剑麻，还种少许的红薯和花生。1978年，根据上级指示，为紧急安置一时蜂拥而至的大批归难侨，迅速扩充至13 430亩土地。考虑到我国对热带、亚热带经济作物的需求量大，且归难侨有经营热带、亚热带经济作物的技能和经验，1979年，农场试种30亩亚热带经济作物——柑橘。就此，农业生产成为农场的创业初始。正如崔然在《我国国营农场现状及发展建议》中所说，国有农场具有以土地为基本生产资料和以农业为主导产业的基本特征。[3] 所以，农业体制对农场发展具有决定性的影响。现主要以农业体制改革为参照，将农场发展分为初建时期（1978—1980年），"大锅饭"时期（1980—1985年），改革与探索时期（1985年至今）三个阶段。

（一）初建时期（1978—1980年）

1978年，收到自治区接待难民的通知，宾阳县安置办在王灵农场下设场部、机关队及7个生产队①，并依据国家实行的"一视同仁，适当照顾"的八字方针，在王灵农场的生活生产等方面做出如下安排：①安排就业。遵照国家"面向农村，集中安置，有特殊专才量才录用"的指示，原在越南担任中小学教师、干部、医务人员、汽车司机、修理工者都得到了对口安排。其中，1978年9月，安排在王灵农场职工子弟学校的教师有10人，安排于场部的机关干部有5人、在生产队干部有1人。1979年2月，安排在各个新建生产队的队长、副队长、会计、出纳都由曾在越南担任主任、会计、统计、出纳的归难侨负责。余下的大部分归难侨在越南大多从事农业，被安排从事粮食和经济作物的生产等。同时，得到工作安排的归难侨可以入编为农场职工。到1980年止，全场人数2 433人，归难侨为2 133人；职工数为1 189人，其中归难侨871人，占总数的

---

① 经前任侨联主席洪锦生笔记整理而成，第四章第二节"难民安置情况"，年份不详。

73%①。②安排生活。1978年,国家拨生活费和分发了一系列生活用品给归难侨。其中,生活费为111 100元;生活用品为肥皂、香皂、洗衣粉、桶、热水瓶、蚊帐、凳子、桌子、床、猪肉、大米、白糖、花生油等。③安排房子。国家调拨一批价值1 055 000元的建筑材料,为归难侨打造起一排排房子。这类房子以砖瓦结构为主体,门口与厨房相隔3m,中间是块3×2m²的水泥平地,可做公共道路使用。进入门口,先是15m²的客厅,接着是15m²的卧室,即厨房—空地—客厅—卧室模式,也有少部分是客厅—卧室—空地(有围墙,不供道路使用)—厨房模式。住房皆似火车车厢。④接受教育。安排尚处于学龄阶段的越南归难侨就读于王灵农场职工子弟学校;在越南学业优异,可再深造者,农场免费为其安排再升学习。如1978年,周安祥被安排到广西华侨中学专业技术学院学习等。⑤退休养老。农场对男60岁以上、女50岁以上仍然有劳动能力者,安排为家属工;不能劳动者,安排其养老。对于孤寡、丧失劳动能力、无人供养者,农场向其提供口粮,并每月发放20元的生活补助。

以上五方面的扶持措施,对稳定"侨心"及对王灵农场的初建起到了不可忽视的作用。但王灵农场仍面临着一个个困难和问题。第一,无论是在人力还是物力的投入上,1978年是广西接待归难侨最紧张的一年。[4]对农场来说,一下子来那么多的归难侨,原来的设施不够使用,尤其是用于住宿的房子。一户一间砖瓦平房,人均居住面积不足8m²,导致大多数人在客厅里搭床,非常拥挤。第二,王灵农场土地贫瘠,基础条件差,可以用于较好安顿归难侨的条件和机会并不多,难以满足归难侨的要求。部分曾在越南从事渔业、经商、工矿的归难侨无法得到对口安排,只能从事农业生产。第三,1978—1980年期间,农场主要忙于接待和建房任务,未能及时安排适龄阶段的归难侨就读,导致部分归难侨未能完成九年义务教育。第四,1978年初,农场只有300人,大多从事农业,生产方式较单一,经济底子薄,农业基础设施非常落后,这些使得归难侨难以着手于农事;场内无圩镇,买东西要到附近王灵镇或者黎塘镇。即便如此,国家的倾斜性政策为归难侨打造了一个"特殊社区"。[5]至20世纪80年代初,上级部门考虑到农场人多地少的问题,调动164人到扶绥山芋农场。至此,王灵农场进入相对稳定的时期,形成一个由2 262人组成的国营农业生产机构。

(二)"大锅饭"时期(1980—1985年)

新建的王灵农场实行的是政、企、事合一的管理体制,既是安置越南归难侨的事业性基地,又是进行经济生产的企业实体。作为这样一个特殊建制的单位,无论农场的实际经营状况如何,农场职工都可以享受公费医疗,退休养老。其中表现为:①在生活方面,农场实行"三定一补",即定工资、定费用、定扶助、补医疗的政策。1980年,按级别定工资为:一级工每月27.8元,二级工每月32元,三级工每月37元。每月生活标准为:劳动力20元,非劳动力15元。②若一个家庭每个月的平均工资低于平均生活标准,则由国家的事业费补助。例如,一家有6口人,其中4口是非劳动力,2口是劳动力。按国家规定的生活标准来算,4个非劳动力每月为60元,2个劳动力为40元。如果2个劳动力都

---
① 王灵农场归侨人数增减统计表,1980。
② 1978—1993年王灵农场事业费的收支情况表,1982。

是三级工,每月的工资收入为74元,那么就可得到国家事业费补助26元。②在生产方面,归难侨生产柑橘的工具以及资料开支由农场的事业费拨付。其产成品统统上交给农场,再由农场统一销售。③其他方面,农场有属于自己的幼儿园、小学、中学教育机构,建有淀粉厂、加油站、编织厂、花茶厂等企业,配备有医疗、卫生、生产科等各个部门。农场就像一个小社会,为归难侨的生老病死提供全方位的服务。在计划经济体制下,归难侨职工长期存在吃"大锅饭""保底不封顶"的思想,生产积性不高,生产的产品质量差,农场逐年亏损,特别是1983年,亏损65万,职工工资只发放70%。在上级事业费的结余额首次出现负1 177 062元。① 无所不包的"大锅饭"体制下的农场困难重重,举步维艰。经营管理上过于集中,包得多,管得死;分配上,追求平均主义,干多干少、干好干坏一个样。这是造成农场困境的主要原因。

(三)改革与探索时期(1985年至今)

按时间的先后来分,改革与探索时期分为两个时期,即家庭联产承包责任制时期和融入地方时期。

1. 家庭联产承包责任制

1985年12月,中共中央、国务院下发《关于国营华侨农场经济体制改革的决定》(中发〔1985〕26号),要求走农村改革的道路,改变经营管理权过于集中、产业结构单一的局面,建立并完善职工家庭联产承包责任制,办职工家庭农场。贯彻中央的精神,王灵农场对管理机构、工农业体制等进行了改革。

(1)管理机构方面。1986年,推行场长任期目标责任制,同时狠抓经营承包责任制的贯彻落实,将生产经济责任层层分散落实下去,逐步推行厂长、经理、校长、院长负责制。② 实行一整套行政机构奖惩制度:场下达的各项生产指标、经济指标及实施措施,按年度完成,单位和个人的奖金不能超过全场平均工资的两个半月,完成任务的100%,给予100%的资金,完成任务的90%以上时,发60%的奖金;完成任务的81%~89%时,发基本工资;仅完成任务的80%以下者,罚标准工资的5%~10%。③ 管理职能由行政管理为主转变为以服务生产为主:农场为职工家庭提供生产资料贷款,为柑橘提供肥料、农药、果苗、工具等生产资料,并预借生活费用。建立工会:至1988年年底,全场工会会员总数达404人,其中归侨会员115人,占35%。

(2)工农业方面。从1985年开始,农场实行"三费"和"两费自理"。"三费",即职工家庭按承包面积相应上交共同负担费(包括农场贷款利息费、退休金、医疗福利金、场部管理费、文卫治安费等)、土地使用费、折旧费。"两费自理",即生产投资自理、生活费自理。④ 其中,农业方面,在1985年,农场把生产队划分为生产小组,由各个生产小组集体承包土地,后逐步过渡到个人。每个归侨职工可承包5亩柑橘,承包期为30年,一切投资由农场预交,每月发放预借费60元。当培植果树到第四年投产期起,逐年上交

---

① 《1978—1985年王灵农场事业费的支出—收入表》,1993。
② 《国有王灵农场任期目标责任制》,1986。
③ 《王灵农场一九八五年实行联产承包责任制、兴办家庭农场方案》,1985。
④ 《王灵农场实行联产承包责任制、兴办家庭农场方案》,1985。

折旧、管理和特产税等,待年终结算时,合格果为3角/斤。多交多得,盈亏自负。同时,农场不再对种植作物类型做出规定,承包人可以依据市场需求自行安排。采取家庭承包责任制后,农场改变过往单一的农业生产方式,发展多种经营,作物以柑橘为主,以花生、苜蓿、黄豆、玉米等为辅。其中,前者至1986年种植面积达3 927.4亩,后者为722.6亩。归难侨的生产积极性被调动起来了,取得了前所未有的好成绩。1987年,柑橘产量306万斤,超额产量60万斤。扭转农场28年的亏损状况。其中,六队投产岗位的难民职工超产30万斤,每个岗位平均超产1 970元,特别是谢明富个人超产7 800元。以1986—1990年的柑橘种植面积和销售总额为例(见表2.1),1990年的柑橘比1986年增加1 328.6亩,增长41.5%,每年平均增长10.4%。1990年柑橘的销售总额比1987年增加36.348万,增长7572%,每年平均增长46%。工业方面,在1987年,饮料厂、淀粉厂、水果保鲜仓共产值33万元。其中,以淀粉厂代表(见表2.2),1990年加工量比1987年增加1 550吨,增长1 033%,每年平均增长35%。1990年利润比1987年增加4.025万元,增长1 789%,每年平均增长率35%。四年基本实现收支平衡,略有盈利。其他方面,学校、卫生部门实行经费大包干,原则上超支不补,节余可留作下年度使用。实行家庭承包责任制,生产率得到较大的提高。截至1990年,职工年人均收入1 526元;工农业总产值252.8万,其中农业总产值216万元,固定资产净值1 125万元,比1986年增加了646.5万元。① 借助发展的东风,1987—1988年,建成800m²的教学楼、500m²的医院门诊部、80m²的幼儿园、480m²场部宿舍楼;1987年,农场花7.75万元为3队、5队、6队以及立新队建面积共1 120m²的职工宿舍;1989年,在黎塘镇新开发区建一幢综合服务大楼,用于零售、饭店、旅社等出租,以均衡农场的财政收入。[6]

表2.1 1986—1990年的柑橘种植面积和销售总额

年份	1986	1987	1988	1989	1990
种植面积(亩)	3927.4	4786.6	5253	5553	5553
销售总额(万)	30.74	124.6	223.6	321	409.92

资料来源:由王灵农场侨联办公室提供,经整理而成。

表2.2 淀粉厂销售利润

年份	1987	1988	1989	1990
淀粉厂加工量(吨)	150	856	1700	1700
销售总额(万)	19.5	110.5	212.5	204
利润(万)	0.225	1.275	3.4	4.25

注:以上四年均按每吨1 300元计算。
资料来源:由宾阳王灵农场侨联办公室提供,经整理而成。

虽然在改革中取得了一定的效益,但农场经济发展还是面临不少困境,在1990—2000年间表现得愈发明显。主要原因有:

(1)自然灾害。1989年,农场柑橘遭遇到黄化病。黄化病俗称柑橘树的"癌症",树

---

① 《广西农垦国有王灵农场简介》,2003。

得病后树冠变黄,迅速老化,而且一株得病后,很快会传染其他柑橘树。1990年,四队483亩果园全部淘汰;至1995年,各个生产队的柑橘砍了大半,全场面积仅存3 208亩,减退31%,其中没有投资价值的面积达38%。至当年年底,全场柑橘几乎砍完,维系农场80%以上职工生活福利和劳动力上岗就业的柑橘走向终结。[7]

(2)市场经济冲击。1996年,王灵镇党委政府组织党员干部到海南岛参观,后从广西农业科学院蔬菜研究中心引进"广丰13号"短叶萝卜和反季节日本夏阳菜。同年,农场开始种上夏阳菜,在菜地垄边间种短叶萝卜。以立新队何先生(家里共有2个劳动力,4个非劳动力)种植夏阳菜的投入和产出为例(见表2.3),夏阳菜因市场价格上下浮动性强,风险性大,导致种植者收入不稳定。有些职工看到客商到菜地收购价为每斤0.72元,由于看不准市场而不愿成交,一星期后,市场价格急降,每斤跌倒0.22元,按正常投入每亩需600元(不计人工费)。几天时间,诸如此类,全场不少职工两三月的辛劳一下子付诸东流。在市场经济面前,比较单一的农业生产是脆弱的。这也是农场发展的瓶颈。

表2.3 立新队何先生种植的夏阳菜的投入和产出表

年份	种植面积(亩)	单价(元/斤)	投入(元)	产出(元)	净赚(元)
1998	3	0.5	1 500	7 000	4 500
1999	5	0.68	2 500	9 500	7 000
2000	8.5	0.15	3 000	9 000	6 000

资料来源:由王灵农场立新队何先生口述,经整理而成。

(3)"沉重的包袱"。"沉重的包袱"主要来自社会包袱、离退休包袱、债务包袱。从表2.4可看出,1993年社会负担费140万元,其中退休金占社会负担费之首,为40万元。相比之下,随着退休职工年龄的增加,到2000年为止,累计的退休职工达371人,比1993年48人增长673%,每年应支付的退休工资达130多万元。债务方面,1978—1993年年底,农场贷款已达1 109.86万等。① 各个方面给农场带来沉重的包袱,使其经营利润几乎全部消耗在共同承担费上。在这样的情况下,农场该做的事不能做,许多项目得不到应有的改造,许多设备老化、技术落后的经营项目依然低效运转。如1992年投资建的加油站和1994年建的红砖厂,因规模太小,设备陈旧,经营连连亏损;1978至2000年,涉及2681归难侨的七个生产队均未有四级公路;1978年建成的房子多为砖瓦结构,危房面积已达3 948.4m^2,仍得不到应有的维修;到2000年止,七个居民点未建设安全的饮水工程,涉及无安全饮用水人数2 156人,其中归难侨1 739人等。②

表2.4 1993年农场共同承担费(单位:万)

项目	1973-1993年的贷款利息	退休金	医疗福利费	场队管理费	文教治安费	其他
金额	150	40	25	50	17	8

资料来源:由王灵农场侨联办公室提供,经整理而成。

---

① 《广西国有王灵农场一九九三年经营管理方案及承包办法》,1993。
② 《广西农垦国有王灵农场归侨安置情况调查表》,2000。

2. 融入地方时期

进入 21 世纪，王灵农场的管理体制发生了重要变化，主要是从独立于本地社会之外，向融入本地社会转化。原由农场独立建立的职工子弟学校归区教育局管理；社会治安治理、计划生育工作等由宾阳县统一考评；农场老职工的医疗、社会保险均纳入政府统一规划的轨道。尾随其后，其他方面也逐步进行深化改革。

（1）资产重组，在农场企业推行了股份合作制。2001 年，与自治区土产公司石乳茶厂合资重建了花茶加工厂，增加车间面积 2 000 m²，加工能力提高到 2.5 万担；与场外企业进行合作，2001 年，同梧州兴达有机农业绿色发展有限公司本着互惠互利、风险共担的原则，签订冬种台湾甜豆 500 亩的农业订单；① 与银行进行合作，2009 年，在全场推行"金穗惠农卡"小额信贷，每户职工最高可贷 5 万元，到 2010 年止，已有 280 户职工参加，发放贷款 500 多万元；对连年亏损的企业宣布破产，2001 年，农场对编织袋厂、火砖厂、加油站先后宣布破产。

（2）农业体制改革。针对市场的风险性强的特征，场领导组织和引导职工走"订单农业"及设立农业"三大片"布局，即一片茉莉花、一片水果、一片蔬菜，并逐步形成"公司+基地+车间"一条龙服务格局。2000—2010 年，生产发展呈现出一片良好的态势。其中，2007 年全年 GDP 为 4 600 万元，比"十五"期末增长 20%，经营总收入由 8 070 万元增加到 9 700 万元，增长 20%。从业人员年均纯收入由 8 688 元提高到 9 800 元，年递增 12.8%。亏损总额由 2000 年的 59 万元下降到 49.5 万元。从表 2.5 可看出，农场的人均收入与广西农垦局的距离逐步拉近，其中归侨职工收入由 2000 年少于广西农垦局的 8% 到 2005 年的多于广西农垦局的 24.62%。在固定资产和负债资产方面，农场处于广西十四个农场的中上水平。

表 2.5 王灵农场与广西农垦局于 2000、2005 年的比较表

单位 数值	广西农垦局 2000 年	王灵农场 2000 年	王灵农场比广西农垦局多或少的百分比	广西农垦局 2005 年	王灵农场 2005 年	王灵农场比广西农垦局多或少的百分比
人均收入（元）	2 610	1 370	少 47.5%	5 161	3 251	少 37%
职工收入（元）	5 389	4 302	少 20.17%	10 018	7 756	少 22.5%
侨职收入（元）	1 659	1 526	少 8%	2 335	2 910	多 24.62%
固定资产（万元）	221.85	1774	多 699.63%	782.64	2 199	多 180.97%
负债资产（万元）	3 360.42	2998	少 10.78%	4 164	2 700	少 35.18%

资料来源：由王灵农场侨联办公室提供，后经整理而成。

至目前，王灵农场基本解决归侨和职工的生产用水及生活用水问题；硬化两条南梧二级公路通往各队的道路；已兴建 8 栋 160 户职工住宅楼，有 6 栋待建中；实施环境美化、绿化、亮化工程，进一步搞好农场新区和华侨新村环境建设；现农场进行五个基地建设，即现代农业示范基地、大田无公害蔬菜基地、农产品加工物流基地、商住基地、工商产业基地。同时，规划发展以观光农业为主的特色旅游——王灵水上健身娱乐度假村。回顾 30 多年王灵农场的发展历程，所取得的进步与采取有力的对策措施是密切联系的。展望未来，在我国目

---

① 《"一场两镇"订单甜豆种植方案》，2001。

前的社会经济背景中,促使王灵农场经济体制改革顺利展开的基本对策主要有以下三个方面:

(1) 利用海外资源。表2.6、2.7分别是新移民眷属海外关系情况表和1979—1987年的外汇统计表。可以看出,至2000年,农场共拥有海外移民180个。从新移民眷属的文化构成和移民方式分别可以看出,初中或者初中以下的文化程度居多,占99.4%;亲属团聚的移民方式为最,占98.3%。据侨联资料反映,大多移民眷属在发达国家,最初的10几年来主要靠到餐厅和工厂打工为生,部分靠政府的接济金过活。① 就此,笔者有两个思考:大部分的移民眷属有着越南排华的共同经历,且他们文化水平较低、海外的生活圈子较窄,② 那么,对情感的诉求是不是很多?而情感诉求又以回国探亲、申请亲属团聚、邮寄外汇等方式来表达,每年以38%的外汇增长率,以及1991—1999年共40起回国探亲的数字,是不是为农场"招商引资"带来一些可能性?据场部石场长反映,目前,海外资源的商业利用率仍为0。

表2.6 新移民眷属海外关系情况(单位:个)

总计人数	出国时间			文化构成				移民方式				移民国家或地区				
	1980年以前	1980—1990年	1991—1999年	博士	硕士	学士	大专	亲属团聚	投资移民	技术移民	留学滞留	美国	加拿大	澳大利亚	英国	其他
180	62	66	52	—	—	1	—	177	2	1	—	155	37	1	16	11

资料来源:由前任侨联主席洪锦生笔记整理而成。

表2.7 1979-1987年的外汇统计表

年份	户数(户)	人民币(元)	年份	户数(户)	人民币(元)	年份	户数(户)	人民币(元)
1979	12	950	1982	10	950	1985	14	4 800
1980	12	2 700	1983	11	5 200	1986	28	16 000
1981	10	2 450	1984	9	2 500	1987	38	24 000

资料来源:由前任侨联主席洪锦生笔记整理而成。

(2) 债务处理。截至2006年6月底,农场共欠债2 196.9万元:历年欠发管理人员工资70.9万元,历年欠发退休人员102.7万元,历年欠缴养老金299.3万元,历年累计亏损总额达1 724.5万元。③ 沉重的负债已成为经济体制改革顺利展开的障碍。因此,有关决策部门应制定债务核销呆账、债务分担、债务转移、债权人凭债入股等政策。另外,针对历年不交、少交以及现今不交、少交管理费和个人养老金的职工,应建立起监督和管理农场职工上缴费用及追加的制度和具体办法。再者,继续实行资金重组,内部企业之间、内部企业与外部企业之间通过收购、兼并、联合等方式以盘活资金,从而有效提高债务的偿还率。

(3) 工农业走"专业化、规模化、特色化"道路。从1998年开始,农场开始设立农业"三大片"布局,即一片茉莉花、一片水果、一片蔬菜(芥菜和胡萝卜),主要以茉莉花发展为主。2000年,淀粉厂外包后,工业以花茶厂为主。茉莉花与花茶厂的结合,促

---

① 《前任侨联主席洪锦生笔记》,第六章第二节"海外亲属职业情况",年份不详。
② 《前任侨联主席洪锦生笔记》,第六章第一节"海外关系分布情况",年份不详。
③ 《广西农垦国有王灵农场归侨安置情况调查表》,2006。

使"公司＋基地＋车间"形成一条龙服务格局。相较于全国最大的茉莉花基地——横县，"王灵花"的规模、特色并不显著。而农场蔬菜的发展势头日渐明显。从表2.8、2.9分别可以看出，茉莉花的种植面积在萎缩，每年均以25.58%递减，胡萝卜的种植面积大幅度提升，由2003年400亩上升到2009年的4 400亩的种植面积，每年均以26%的速度递增。以立新队杨女士胡萝卜投入—产出为例，从表2.10可看出，2007—2010年，每亩的胡萝卜利润均为4 500元，且种植面积占持有总面积的88%。蔬菜成了农场发展的主要产业。农场有优越的地理优势，即离黎塘（湘桂铁路和黎湛铁路的交汇处）9.5公里，是桂海高速公路宾阳段与南梧二级公路交会处，为324国道和现待建的南广铁路必经之地。[8]再者，2010年2月，广西农垦黎塘农产品综合批发市场落户农场。此项目占地500亩，集农产品加工、集散、商贸、配送于一体，预计年交易量达210万吨，年交易额30亿元，销售收入1.1亿元，实现利税6 000万元。[9]凭借此平台，工农业走"专业化、规模化、特色化"道路成为农场的首选。

表2.8　1999—2006年"三大片"种植面积表

年份 \ 经济作物面积（亩）	茉莉花（投产面积）	水果（种植面积）	蔬菜（种植面积）
1999	569	—	—
2000	—	—	—
2001	2 000	1 200	1 691
2002	1 936	—	1 410
2003	2 500	1 500	1 500
2004	—	—	—
2005	1 339	1 236	3 150
2006	903	872	3 500

资料来源：据王灵农场侨联办公室提供，后经整理而成。

表2.9　农场种植胡萝卜种植面积（单位：亩）

年份	2003	2004	2005	2006	2007	2008	2009
种植面积	约400	—	约1 000	约2 700	—	约3 200	约4 400

资料来源：据王灵农场侨联主席谢喜和口述，后经整理而成。

表2.10　立新队杨女士家胡萝卜投入—产出表

年份	种植面积（亩）	单价（斤/元）	投入（元）	产出（元）	净赚（元）
2007	10	0.22～0.45	12 000	37 000	25 000
2008	15	0.52～0.75	20 000	100 000	80 000
2009	16	0.35～0.48	20 000	70 000	50 000
2010	22	0.45～0.8	25 000	175 000	150 000

资料来源：据王灵农场立新队杨女士口述，后经整理而成。

三、王灵农场发展的影响因素

在王灵农场30多年的发展历程中，影响因素除了体制外，还有归侨本身。以下列举三点，分别为归侨人心安定问题、土地纠纷问题、价值观问题。

（一）人心安定问题

1958—1978年，农场共约300人。1979年，待主要的五批归侨安置后，农场总人数上升至2 433人。至1982年，调动164人至扶绥山芋农场后，人数约为2 262人。自1987—1993年，以半年或半年以上的不在农场劳作的归侨计算，农场的人数为1 800人左右（据不完全统计）。至2000年，随着外来人员的加入以及1987年至1993年的归侨回流，农场人数达3 000多人。现从中着重探析1987年至1993年人口外流的原因。人口外流最多集中在1987—1993年。笔者分别采访农场立新队的凌先生与何先生。在1987年香港偷渡风波中，凌先生回忆道：

"1987—1988年，听外面的风声说，只要偷渡到香港，被确认是难民，就可以去美国或者加拿大了，顺利到美国或加拿大的人都可以得到低保和福利金，日子过得比中国这边好多了，时不时还寄些回来。农场陆续有一百多个过去了，有些人从澳门坐船到香港，有些从广东平沙那边偷偷过去的。谁知，到了那等了一年多，没得到任何有关出国的音信。听香港政府说'超过时间不准去（各发达国家接受印支难民的时间）'，种种传闻，迫于无奈，就回来了。"

在回忆东兴创业时，他谈到：

"1990年，果树黄化病特别严重，没有什么收成。借了亲戚一些钱，就几十个人结群到东兴打工了。刚开始做搬运夫，帮人搬衣服。过了一两年，有点本钱后，就做起成衣生意来，碗、盘、药材、鱼虾这些生意也做，主要卖到越南去。后来，随着越南货的增多，价格越来越便宜了，生意很难做，于是就回来了。"

在说到去北海做生意时，何先生说：

"1992年，农场的柑橘砍得差不多了，家里失去了经济来源。父亲叫我到北海或者东兴看看有什么工作，当时就跟着十几个人过去。刚到那，先做挑运夫，帮人担沙、担石头。有了点本钱后，和几个人合钱买了艘一万八的小船，靠出海捞鱼来赚钱。刚开始还有点钱赚，不久，海水变红了，捞的鱼少了；下海的人多了，也不好卖了。9月份，卖了船，就回来了。"

当问及为何外流地点选择东兴或者北海时，凌先生说：

东兴是防城港的一部分，我们很多归侨老家都在防城，通白话和艾话，而且还有很多老乡在那，感觉很亲切、很熟悉。何先生说，他们在北海侨港镇做生意，那里也安置许多越南归侨，感觉比较熟悉。另外，北海本身也通白话和艾话，广西其他农场的亲戚去那了，身边的人也不少去那，就跟着去看看有没有什么可发展的。

从两位采访者的谈话可以看出，1987—1993年王灵农场外流的主要原因是：主要经济作物柑橘遭遇黄化病，收入颇微；偷渡风波作怪；文化心理相似的东兴和北海的吸引。从社会人类学的角度来看，归侨对所居地农场缺乏归属感。所谓归属感，是指个体或集体对一件事或现象的认同程度，并对这件事或现象发生关联的密切程度。①就笔者的理解，归侨对农场的整体发展的关注度和参与度较低，是对农场缺乏归属感的体现。另外，据不完全统计，300多归难侨多是年富力强的青年人，他们的外流，是除造成了黄化病影响经济收入外的一大因素，这无疑给1980年刚安定不久的农场造成"此地不宜久留"的负面影响，给场部增添不少稳"侨心"的工作。

（二）土地纠纷问题

根据国发〔1980〕135号文件《关于对于解放后党政机关的处理决定和双方商定的协议》和《中华人民共和国归侨侨眷权益保护法第七条》"国家对安置归侨的农场、林场等企业给予扶持，任何组织或者个人不得侵占其合法使用的土地，不得侵犯其合法权益"的规定，1978年，农场获得土地共13 430亩，其中9 470亩已于1990年7月20日获得山界林权证。[10]但有3 000多亩的土地被周围的农村侵占。其中，这些土地与黎明乡的高岭、三泽、北沟、岭济、龙公村和王灵乡的苍山、茂莉、横寨、七新村以及大桥镇的周岭、莲塘、洪村有纠纷，从1958年至今一直未停止，其中表现特别严重的是1994年与凌济村的土地纠纷。

据悉，10月31日，黎明乡凌济村出动村民70多人，有组织地携带木棍、铁铲、锄头、禾叉、砍刀、短沙枪等，赶着牛车到三队将军岭哄抢苴蔗。当时归侨黄权正在附近摘辣椒，见状即上前阻止，对方8人即将黄推到，用木棍猛击黄的左手，用脚踢黄的左腹部，用脚踩黄的右大腿，造成严重内伤。黄权的侄子黄世福、儿子黄世有上前抢救，被对方用石块击伤。并被威胁道，那是他们的土地，如不走，再碰见就打死为止。从事发到8日起，凌济村哄抢苴蔗面积110亩，且有人带砂枪、风枪在农场地界将军岭游动，天天派人到立新队侦查情报。在上半年，于同一片土地上，曾被该村群众铲毁西瓜56亩，损失5.6万元。立新队由于柑橘园大量黄化，职工生产基本以种植短期作物为主。两季作物被毁，收入甚少。

笔者在前面已说明，国有农场具有以土地为基本生产资料和以农业为主导产业的基本特征。土地是农业生产的前提，而农业生产至目前一直是华侨农场的谋生计的方式。如上一段所述，农场土地纠纷时间长，面积大。到1997年止，农场收回土地1 480亩，还有1 800亩未收回。其中，280亩土地仍权属未清，另外的1 520亩土地大多得到法律判决但未得到真正执行。农场的可耕种土地面积有4 479亩（以1996年计算），人均耕地面积仅为1.76亩。而曾被占领的3 000多亩土地（包括1997年后来收回的和未被收回的），大多是可耕种土地。加之，1995年，因土地纠纷，村民到农场抢夺农产品甚至发生打架斗殴事件有15起，人心惶惶。不难看出，可耕种地被占，是制约农场发展的重要因素。另外，农场与周边农村的土地纠纷，正如俞云平所说，是由"地域边界与心理边界的差异性"所致。[11]国家采取"聚落式"的集中安置政策，并给以种种政策扶持。但不容否认

---

① http://baike.baidu.com/view/390954.htm.

的是，这种制度性安排在归侨和安置地居民之间筑起了一道"无形的边界"，由此带来心理隔膜和物质上的反差，使归难侨更难"本土化"。土地纠纷，不仅反映了归侨农业生产所受的影响，还反映出农场融入本地面临的障碍。解决土地纠纷，是归侨安心生产及农场发展的关键所在。

（三）价值观问题

归侨对黄金白银首饰很喜爱。婚嫁时，男方都要给女方黄金戒指和耳环，多少克视家庭情况而定，但必须是黄金的。丧葬时，在一些过世的老者的遗物里，一些零碎的黄金白银或者首饰很常见。另外，在小孩子满月、生日或老人寿辰时，赠者很喜欢送些黄金白银的手镯、银手链等。海外亲戚回国探亲或者邮寄物品中，也不乏黄金白银首饰。平常在农场里，妇女戴着黄金手链、项链、耳环、戒指的比比皆是。一些小女孩七八岁时，在大人的陪同下，到街上叫人穿耳或在家里用针穿耳，再戴上白银或者黄金耳环以及项链。

据采访的谭女士说："从1978—1992年之间，越盾曾贬值四次，在动荡不安的年代，因为黄金比较足值，所以把它视为多福辟邪的象征。"

据黄女士回忆："当年，生活快支撑不下去时，我瞒着老公偷偷地把手里的戒指当给熟人，一旦手里有钱，就马上换回来了。在农场，几乎每个归侨家庭都会有些黄金白银首饰，钱少的，也会借钱买或者把钱省下来再买，所以我必须得换回来。"①

两位采访者的口述，反映出金银首饰是归侨求吉利的信物，同时也反映出归侨丰富的人生经历。在纸币贬值的越南排华时期，保留金银确实给归侨日后生活带来了一定的保障。而对于新建设的农场而言，资金的投入是生产规模壮大的关键。归侨把金银视为生活必需品，提高了生活成本，导致生产的投入以及其他方面受到限制。同时，金银观反映出国家的倾斜政策的弊端，即各项优惠政策使得归难侨滋生了依赖心理，养成了"等、靠、要"的思想。[12]这样的价值观，贯穿于整个农场的发展过程，严重制约着农场的发展。

小 结

王灵农场是诸多以农场方式安置归难侨的模式之一，它是当时计划经济体制的产物，它不但有国有企业传统体制的负面影响，而且与复杂的"三农"问题紧密联系在一起。回顾30多年的发展历程，它已初步具有一定的经济规模和实力，形成了自己独有的特点，进入21世纪，在体制改革方面也取得了一定的成效。但是，如同全国各地同类性质的华侨农场一样，王灵农场还面临着如何立足本地、自力更生、发挥自身特长、在市场经济的激烈竞争中生存发展的一系列问题。笔者认为，在体制改革方面，应开拓多种解决债务负担问题的渠道，积极把海外资金引向商业投资领域，并且调整工农业产业结构，根据自身优势，走"专业化、规模化、特色化"道路。在资金充足以及生产状况得到根本转变的基础上，加强人才的引进以及农场的教育，并使之直接作用于再生产，最终使得农场进入良性循环的状态。此外，还需关注归侨。宏观上，他们是中国与海外华侨华人交流的纽带，

---

① 《关于黎明乡凌济村民哄抢王灵农场三队产品打伤归侨的严重事件——三队全体归侨的建议书》，1994。

是海外移民以及中国安置体制的缩影；微观上，他们是农场体制改革和生产发展的直接推动者。所以，回顾他们人口流动、土地纠纷、价值观所出现的问题，再现"排华"归来——在中国"左右摇摆"的心理——扎根于中国或再迁国的经历，是为了更好地尊重他们的思维方式以及生活风俗。此外，还可以更好地找出限制农场发展存在的问题，也便于积极引导归侨树立正确的价值观。总之，只有把体制改革和关注归侨结合起来，才能更好地使归侨融入当地社会，并在激烈竞争的市场经济里获得更多的发展机会。

注 释

[1]刘笑盈,于向东.越南华人战后四十年之变迁[J].华侨华人历史研究,1990(3).

[2]广西壮族自治区地方志编委会.广西通志·侨务志[M].南宁:广西人民出版社,1994.

[3]崔然.我国国营农场现状及发展建议[J].合作经济与科技,2005(7).

[4]丁有权,卢彦雄.广西归侨概述[J].八桂侨史,1998(3).

[5][11]俞云平.一个特殊社区的历史轨迹:松坪华侨农场发展史[J].华侨华人历史研究,2003(2).

[6]王灵农场五届三次职代会上的工作报告[R].1989-02-27.

[7]王灵农场关于柑橘果树面积变动调查情况汇报[R].1995.

[8]宾阳县志[M].1987:153.

[9]广西农垦黎塘农产品综合批发市场开工仪式报告[R].2010.

[10]关于国营王灵农场土地被农民侵占处理解决土地合法使用权的报告[R].1992.

[12]曾玲.福建武夷华侨农场研究[D].厦门大学,2008.

附录

附表1 王灵农场生产经营1998—2007年的亏损表（单位：万元）

年份	1998	1999	2000	2001	2002—2004	2005	2006	2007
亏损	324.41	274.41	59	98	—	66.9	55.7	49.5

资料来源：由王灵农场侨联办公室提供，后经整理而成。

附表2 1978—1985年农场事业费的支出—收入表（单位：元）

上级拨款时间	拨款额	所支额	结余额
1978—1982年	806 106	541 264.24	264 841.76
1983年	145 414	156 791.62	-11 377.62
1984年	155 150	151 470.27	3 679.73
1985年	158 676	102 341.43	56 334.57

注：上级文件明确规定华侨事业费的用途：（1）归难侨的定期补助；（2）对归难侨的临时救时救济；（3）集体福利。在1978—1983年，农场的一切开支的80%来自于事业费。

资料来源：由王灵农场侨联办公室提供，后经整理而成。

附表3 归难侨安置情况表（以1979年统计为主）

地点	人数（人）	户数（户）
场部	44	9
机关队	73	12
一队	104	23
二队	158	25
三队	235	44
四队	348	64
五队	351	63
六队	408	66
七队	412	74
总计	2133	377

注：1993年，因人多地少，七队有165人搬出去，成立立新队，并归并为三队。

资料来源：由王灵农场侨联办公室提供，后经整理而成。

明代北海珠业的官方表达与民间故事

政史学院历史学 2005 级　温惠敏

指导教师　石维有

摘要：珍珠采捞活动在我国历史久远。从秦汉算起，采捞南珠的历史竟达两千多年。明代时，采珠活动达到了登峰造极的地步，封建政府加大对采珠的监管力度，特设珠池太监监守珠池，以便保证珍珠贝的供应。而关于珠池太监监守珠池的历史，大家莫衷一是，仅官方表达与民间故事就出现了极大的分歧。本文以官方表达与民间故事为切入点，探析官方记载与珠民口中的明代珠池太监李敬及明代涠洲游击将军黄钟两人事迹的差异及成因，以重新看待明代北海珠业。

关键词：明代，北海，采珠业，官方表达，民间故事

引　言

采珠活动在我国历史久远，明代，皇室对南珠的掠夺达到了极点。坐落于合浦县城东南 36 公里处，今北海铁山港区营盘镇西南隅的白龙珍珠城就是这段历史的最好见证。

据《明史·食货志》记载，从洪武二十九年（1396 年）至万历四十一年（1613 年）的 200 余年间，朝廷下诏在合浦珠池采珠前后共有 20 次。万历四十一年（1613 年）后，朝廷不再下诏采珠。从正统年间（1436—1449 年）开始，明朝廷改变了以往各朝诏令地方官监采珍珠再上贡的做法，由皇帝直接派宫中太监长年镇驻于白龙城中看守珠池，以确保池所产珍珠专供皇室使用。而白龙珍珠城现存的《李爷德政碑》与《黄公去思碑》，可以让我们追溯明万历二十六年（1598 年）朝廷派宦官李敬到合浦白龙珍珠城驻守珠池的历史以及黄钟在合浦珠池的有关事迹。

纵观中国几千年，宦官无数，能立碑记功的太监少之甚少。宦官生前不被当人看，死后更不被当人看。然白龙珍珠城竟立有《李爷德政碑》与《黄公去思碑》，这不得不令人对碑中两人的身份及事迹心生好奇。

据北海市文物管理所所长邓兰对《李爷德政碑》与《黄公去思碑》两块碑的碑文考察分析，这"李爷"是明万历二十六年（1598 年）朝廷派往合浦白龙珍珠城镇守珠池的宦官——李敬。而这"黄公"是明万历二十六年设的涠洲游击将军——黄钟，是明朝的武官，并不是珠民口中所说的珠池太监。笔者翻阅了大量的原始文献，所有资料都显示这个李敬是一位唯利是图、坏事干尽、欺压珠民的宦官。如此十恶不赦的人，居然为其立碑。

对此，笔者展开了民间调查，访问了白龙珍珠城当地的百姓，他们也是从自己的祖辈听闻其有关情况：李敬曾向皇上沥情启奏，请求朝廷停采珍珠，并弹劾了一些贪官污吏，惠及珠民，为此，当地珠民为他立碑歌功颂德。而黄钟究竟是明朝武官还是珠池太监，整个明代北海珠业的情况如何，笔者将一一进行分析。

一、珠史回顾

首先，笔者对珠史作一个简单的概述，这为本文将要提及的明代珠池太监作铺垫。南珠，即合浦珍珠，又称廉珠或白龙珍珠，它与我国东北出产的北珠一起名扬中外。北宋郑雯在《岭南小识》中写道："合浦产夜光（珠），世称南珠。"清朝时人有"合浦珍珠名南珠，其出西洋者曰西珠，出东洋者曰东珠。东珠豆青白色，其光色不如西珠，西珠不如南珠"之说。[1]

合浦一带所产的珍珠色泽多彩，绚丽透明，圆润结实。在古代，南珠一直是皇室贵族的专用之物。自古以来，珍珠是珍贵的装饰品，也是昂贵的药材。这就激起了历代封建统治者残暴的掠夺。

我国史书记载的珍珠史大部分是南珠史。从史籍中有关南珠的记载可以看到封建王朝"驱无辜之民，蹈不测之险，以求不可必得之物"的黑暗史实。[2] 关于合浦采珠的渊源，《后汉书（孟尝传）》有最早的记载："尝后策孝廉，举茂才。拜徐令。州郡表其能，迁合浦太守。郡不产谷实，而海出珠宝。与交阯比境，常通商贩，贸余粮食。先时宰守并多贪秽，诡人采求，不知纪极。珠逐渐徙于交阯郡界。于是行旅不至，人物无资，贫者饿死于道。尝到官，革易前敝，求民病利。曾未逾岁、去珠复还。"[3]

《后汉书·循吏传·孟尝》记载："（合浦）郡不产谷实，而海出珠宝，与交阯比境……尝到官，革易前敝，求民病利。"在东汉时期，合浦郡并不生产谷物，而以"海出珠宝"闻名，民间百姓常年用珍珠与相邻的交阯郡（今越南境内）通商贸易、兑换粮食。由于当时的合浦地方官员大多贪秽无度，强迫珠民滥采珍珠，于是珍珠产地逐渐转移到交阯郡境，百姓们断绝了生活来源，贫困的人家甚至因饥饿而死于道路两旁。孟尝到合浦任太守后，其清正廉明，革除弊政。使"珠还合浦"，当地才恢复了生机。

三国时，东吴于黄武七年（228年）将合浦郡"改为珠官郡"，郡守专职管理采办珍珠。当时的合浦郡仍然没有农田耕种，百姓仍然只有靠采珠为生。然而，吴时对采珠的管制更加严格，朝廷考虑到百姓会私自买卖好珠，禁绝珍珠的贸易。为了防止百姓把好珠卖给商人，统治者将合浦定为禁区，使得民不聊生。这在唐代房玄龄的《晋书·陶璜传》有记载：当时的合浦郡，仍"无有田农，百姓惟以采珠为业""而吴时珠禁甚严，虑百姓私散好珠，禁绝来去，人以饥困"。[4]

唐代，合浦珠民几乎以海为家，采珠役的沉重几乎让珠民长期住在海里，在海里生存。为了造就唐初期的太平盛世——"贞观之治"，要求珠民不断向朝廷上贡巨额的珍珠，可见唐代并未放松对合浦采珠。五代十国时更是大量收集质地不好、外形不圆的南珠，建造玉堂珠殿，豪华绚丽的珠殿浸透了无数珠民的血泪。

宋代时，合浦珠贝资源日益枯竭，官府强迫珠民到与越南邻接的深海中去采大珠，大批珠民为此葬身于巨鲨腹中。元朝时珠贝资源严重破坏，珠民更是深受压迫。到了明朝，采珠竟达到了登峰造极的地步。明代朝廷改变了以往各朝诏令地方官监采珍珠再上贡的做法，由皇帝直接派宫中太监长年镇驻于白龙城中看守珠池，以确保珠池所产珍珠专供皇室使用。今天，我们去到合浦白龙珍珠城，虽然残存下来的遗迹不多，但仍旧能看到明朝万历年间太监们镇驻白龙珍珠城的情景。

二、揭秘《李爷德政碑》

笔者至白龙珍珠城实地考察，惊奇地发现，《李爷德政碑》旁的注释是这样的：《李爷德政碑》，从史料考证，明代太监到合浦滥采珍珠。横行霸道，敲骨吸髓，民不聊生。廉州府官李逊挺身而出为民请命，弹劾采珠太监。为此当地人民立碑为他歌功颂德。这是广西壮族自治区文化厅文物处于1988年11月10日对该碑作的如上注释。

关于李逊的事迹，廖国器在《合浦县志（卷四）》中有如下记载："李逊江西南昌人。景泰五年知廉州。守珠池太监谭纪横暴，逊禁之不得逞。纪挟私诬奏知府纵民盗珠池，逮锦衣卫狱。纪前后杖杀民人及强入民家夺财物无算，逊悉发其奸状，帝逮纪面质。具服乃抵罪，复逊原职。不畏强御，一意爱民，既去，民思之，曰：古之遗直也。"[5]资料显示，李逊是廉州知府，敢于纠正珠池太监谭纪，却反遭谭纪污蔑（纵容珠民盗珠），随后被逮到锦衣卫狱，和谭纪当面对质，最终官复原职，谭纪也受到了惩处。从这段话可以看出李逊的不畏强权、刚正不阿、爱民。看到这里，我们应该没有疑问，这《李爷德政碑》纪念的就是李逊，他弹劾采珠太监，为民请命，当地珠民为他立碑记功是理所当然的。

然而，北海市文物管理所所长邓兰于1998年至白龙珍珠城对《李爷德政碑》碑文的考察和分析得出的定论是：碑文中出现"丙午""李公"文字，为我们了解碑文内容提供了线索。从"丙午"干支纪年来看，从明洪武二十九年采珠时起，"丙午"年为宣德元年、成化二十二年、嘉靖二十五年和万历三十四年，前三年无采珠。万历二十六年派李敬开采廉州珠池，四十年才召李敬回京，罢采珠，三十四年李敬仍在廉州。[6]据此，丙午年很可能是指万历三十四年（1606年），李公即李敬。

李逊是景泰五年的廉州知府，景泰五年即公元1454年。但是，宣德元年（1426年）、成化二十二年（1486年）、嘉靖二十五年（1546年）和万历三十四年（1606年），前三年都无采珠，那么碑中的"丙午"是指万历三十四年，即公元1606年有采珠。然而，万历二十六年（1598年）派了李敬去开采廉州珠池。1606年和1454年相隔152年，如果《李爷德政碑》中的"李爷"是李逊的话，就不可能会有"丙午"以及相关的采珠内容出现。加上几百年来，民间都流传着《李爷德政碑》是块太监碑。因此，《李爷德政碑》中的"李爷"就是宦官李敬。

（一）史书中的李敬

《明史·宦官二》记载了李敬的事迹："当是时，帝所遣中官，无不播虐逞凶者。"[7]《廉州府志》（崇祯本）载："神宗万历二十六年，遣御马监李敬开采珠池，其法官六民四，官之六进上，民之四为船户采取工食，而里下私派不与焉，民不堪其苦，其供应太监及差随员役。又名府协帮银二万二千四百两有奇，官民大困。""三十二年，甲辰秋八月二十七日，庚辰，天霁而雨，时谓之天泣，是日采官中官抵廉。""一直到万历四十年，无珠可采，民怨沸腾，神宗才撤回了李敬。"[8]

据以上史料得出，明代朝廷派往珠池的宦官无不是播虐逞凶者。李敬是明万历二十六年（1598年）朝廷派往广东合浦开采珠池的珠池太监，直至明万历四十年（1612年）因无珠可采才被明神宗撤回。"御马监"是明代十二监之一。采珠对珠民的危害有目共睹，每年进贡朝廷巨额的珍珠，珠民不堪其苦。这些都是官方的记载，我们不难看出，李敬和以往朝廷派来的珠池太监一样，都是为了完成采珠进贡任务，逼迫珠民冒险采珠，珠民长期生活在沉重的采珠役中，无法过上安逸宁静的生活。

关于李敬为人，《定陵注略》还有更详细的记载："李敬曾纵参随魏大才杀游击某家眷。会游击滴去，事寝久矣。海北巡道伍袁萃甫笠位，即檄府县逮大才。敬欲发兵拒捕，而兵皆散走，乃就缚。敬移文云：'采榷员役，皆内府钦差，岂容擅执？且如湖广、山东、云南、辽阳杀人无数，府按缩首不敢话，况本监素守法度，贵道乃欲为府按所不敢为耶？'伍复云：'杀人者死，国有常刑，三尺俱在，谁敢奸之？昔汉湖阳公主，纵苍头百日杀人，洛阳令董宣持刃当公主车前革杀之。今参随与苍头等耳，该监随近幸，不加于天子之娣。本道奉命持节一方，亦非县令比，岂可坐视凶徒横行无忌。'云云。李敬大怒，移文两台，以抢夺珠宝反噬，巡抚林东汉移文让之，词严义正，敬乃止。魏大才如律问斩。"[9]

李敬的随从魏大才杀游击家眷，海北巡道伍袁萃下令逮捕魏大才，李敬居然不把县令、巡抚放在眼里，发兵拒捕，以内府钦差自居，认为内府钦差超越法律之上，不受地方巡抚的管辖。李敬的做法可视为藐视法律，直接干扰了当地的军政。可见李敬的行为对当地造成了严重的影响，不利于当地的社会稳定。

"李敬在广东，其恶不减李凤。籍地方富民，辄诬以盗珠而没其财。昆山王临哼以刑部郎恤刑广东，行至高州，途遇巡按某嘱王曰：'中使传至高州采珠狱，'论死者六十余人。吾争之而不得也，君往鱼出之，苟与相关，则六十余人皆生矣。'王私念中使不可与之抵触，徒败乃事，吾以舌柔之，与易耳。乃往。好谓之曰：'公，天下之贤中使也，岂仅中使，我济士大夫弗如也。'李敬墩然曰：'何谓也？'王曰：'天下苦中使久矣，公开采南粤，富人燕息，而贫人得衣食其中，粤南如无矿使也。不爱金钱，从民间买珠入供，而宽采珠之禁，粤南如无采使也。姑曰，公，天下之贤中使也。'敬色喜。王又曰：'公振康发粟，道路无流佣，公之仁也。有乞姐貌类太君，公岁给粟帛，令朝夕祝太君寿，此曾阁文孝也。又能擒执大盗，不以欢虞小仁驰朝廷之法，姑曰士大夫弗如也。'敬益喜，移坐近王。王乃进曰：'公非好杀人者，群盗亦首服死无所，但苦无赃耳，愿为公按验，纵舍此六十人之家，父母妻子不下数百人，咸灶香祝太君寿与其一媪祝，毋宁以数百人祝乎？'敬起而拜曰：'惟公所命。'诸司引得盗珠律减死。巡按某闻之，叹曰：'非我所及也。'"[10]

李敬在广东镇驻珠池时，他的恶行不亚于李凤。居然以盗珠的罪名没收地方富民的财产，在没有缴获赃物（珍珠）的情况下，判处了六十余人死刑。在昆山王临哼的说服下，又一改此前死刑的判决，这六十人于是得以生还。可见李敬此人根本不把法律条文放在眼里，任意更改。扭曲事实，仅凭个人喜好干涉地方事务。在珠池太监眼中，他们自己的利益、权利超越法律的限制，严重阻碍了地方工作的日常运作。

笔者翻阅大量的史书，从史书上得出的一个结论是：李敬是明万历二十六年（1598年）至明万历四十年（1612年）朝廷派往广东合浦镇驻珠池的珠池太监。这里我们需要注意一个问题，合浦县是公元1965年才正式划归广西管辖，之前的北海及合浦是由广东省管辖。从官方的记载上看，李敬坏事干尽，除了压迫珠民，还无视法律，干涉地方事务，扰乱中央及地方事务的展开。这样的人，是不该为其立碑记功，因为他根本没有任何功劳。但是，珠民口碑中的李敬却有值得赞赏的地方。

（二）珠民口碑中的李敬

笔者根据从史书上掌握的资料，亲自到北海白龙城走访、调查，搜集民间流传的一些说法及观点。在当地文物管理员袁作禄的带领下，笔者亲自访问了白龙城当地的珠民和渔民。白龙城以前叫白龙港，明代朱元津在白龙设珍珠城后，改为白龙珍珠城。古城在抗日战争前还保存完好，抗日战争期间，大部分城墙及城门被拆毁。新中国成立后只剩一道城墙和一座南城门，1958年也遭毁尽。白龙珍珠城遗址已列为广西壮族自治区文物保护单位，近年来拨款在废墟上兴建了一座仿古的"合浦珍珠城碑亭"，而碑亭里遗存的就是明朝万历年间立的《李爷德政碑》和《黄公去思碑》。

那么，我们来看下珠民口碑中的李敬。笔者找到了当地一位90岁高龄的老人，只可惜年事已高，丧失了语言表达能力。庆幸的是他的儿子韩先生早已从他父亲口中听说关于珠池太监李敬的一些事迹。而这些事迹也是韩先生的父亲从自己的祖祖辈辈那里听来的。我们暂且不分析内容的真伪，先了解下民间流传的李敬：李敬是万历二十六年（1598年）奉命开采廉州珠池的太监，《李爷德政碑》是珠民为李敬而立的，目的是为李敬歌功颂德。明朝的珠池太监大都是贪婪之辈，惟有李敬而立的，目的是为李敬歌功颂德。明朝的珠池太监大都是贪婪之辈，惟有李敬能体恤珠民。李敬曾向朝廷沥情启奏，请求朝廷停采珍珠，并且弹劾了一批贪官污吏，减轻了来自贪官污吏对珠民的压迫及繁重的采珠役。因为李敬能把珠民从这一深渊中解救出来，珠民为感激李敬能体恤民情，内心崇敬，特意为李敬立碑记功，歌功颂德。至今为止，在珍珠碑亭里仍置有香炉，来者都会为其上香，缅怀李敬。

笔者再询问了白龙城当地的其他珠民，大家的说法基本上一致，其中有位70多岁的奶奶说，这的确是太监碑，立碑是因为他们曾为珠民做过好事。当然，也有些珠民说不该为李敬立碑，要立的话就立秦桧那样的耻辱碑。

（三）真实李敬的考证

以上资料显示，官方对于李敬的记载都是反面的，而民间对李敬的说法却是正反两面都有。通过解读以下几段史料，我们可以得知两者不一的缘由[11]：

万历二十六年，宦官李敬奉命开采廉州珠池。次年，李敬近内库大珠三颗，一颗重九分，一颗重三分三厘，一颗重六分二厘；又珍珠一千一百十两；同年七月，又进内库珍珠五百二十七两。二十八年六月，李敬进内库珍珠一千二百两。二十九年三月，李敬进内库珍珠一千二百六十九两；同年六月，李敬又进内库珍珠一千八百五十八两六钱。万历三十年，李敬进内库珍珠大号珠一钱一两，二号珠九百零四两；同年又进珍珠五百六十一两。三十一年，李敬进内库珍珠大小珠一千三十七两九钱"。

从这则史料我们可以发现，万历二十六年（1598年）至三十一年（1603年），宦官李敬向朝廷进贡了大量的珍珠。巨额的珍珠从何而来，无可厚非，要想保证进贡珍珠的数量，李敬的做法只能和以往朝廷派来的宦官一样，逼迫珠民冒险潜入深海，使珠民人与海进行的较量、人与鲨鱼的较量，必然使大量珠民葬身于海底、葬身于鱼腹之中。深受其害的珠民对李敬的怨恨是理所当然的。我们再看以下这段史料[12]：

万历二十九年，李敬采珠垂七八年，岁报珠或千八百两，或近万两。是年，兵巡道伍袁萃为文祭孟尝，内云：珠一物类之微耳，谓其无知也，何昔也不取而复还？谓其有知也，何今也竭取而犹生？云云。是岁得珠二百余两，李敬暨抚按皆疏罢采。次年而封池之旨下。

这则史料给我们的信息是：尽管李敬之前与以往的珠池太监一样，为了完成进贡珍珠的任务，逼迫珠民冒险采珠，给百姓带来了深重的灾难和痛苦，但李敬的确能及时看到采珠给珠民带来的危害，能够看到珍珠贝资源的枯竭现象，能主动上奏朝廷请求停止开采珍珠，把珠民从这万丈深渊中解救出来。尽管之前他做了多少坏事，但他的乞求罢采已经标志着明朝大规模采珠活动的终止。这对珠民来说是一件好事。长期并且沉重的采珠役，让珠民无家可归，无法过上安逸宁静的生活。由于李敬的罢采，朝廷第二年封池，不再采集珍珠，这一做法无疑让珠民过上了正常人的日子，不再与海及鲨鱼斗争，也不用担心随时会命丧黄泉。在这样的历史背景下，李敬的做法对珠民来说等于给了珠民一条生存之路。珠民为了感激他，于明万历三十二年（1604年）为他立碑，歌功颂德，这是情理之中的，这也是之前的太监都不曾有过的待遇。

三、解读《黄公去思碑》

竖立在《李爷德政碑》一旁的是《黄公去思碑》。广西壮族自治区文化厅文物处根据珠民提供的资料对该碑作出的注释是：一采珠太监的记功碑。在当地文物管理员袁作禄的带领下，笔者做了大规模调查，询问了今日白龙城当地的大部分人。从他们的表述中，得出一共同点：这位"黄公"名叫黄钟，是明万历年间和李敬一同镇驻珠池的太监。据北海市文物管理所所长邓兰对该碑的考察，碑文中的"黄公"是明万历年间的涠洲游击将军，名曰"黄钟"。黄钟是明朝的武官，并不是珠民所说的太监。那么，真相究竟如何？

（一）史书中的黄钟

《廉州府志》（崇祯本）记载："万历十八年始设涠洲游击，是年陈震任，二十三年庄渭扬任，黄钟二十六年任，陈大猷二十九年任……"[13]

涠洲游击是明朝武官的名称，是镇戍军将领，位于参将之下，常率兵防御。明朝时两广地区常受倭寇骚扰，雷廉珠池盗窃现象严重，故朝廷专设游击将军专剿涠洲。万历十八年（1590年）开始设涠洲游击将军，二十六年（1598年）黄钟上任。

《廉州府志》（崇祯本）记载黄钟的履历很简略："黄钟，广东从化所，功升试百户。""从化"，县名。所，即千户所，明代卫所兵制，诸卫之下设千户所，长官称千户，统兵1 120人，下分十个百户所。百户，即百户所长官，隶属于千户所，统兵112人，分为二总旗，十小旗。[14]

以上史料告诉我们：黄钟原在广东省从化千户所（千户所相当于今天的公安局），因战绩累累升任百户。黄钟因战功升任百户，即升任为长官。不久，黄钟坐营擢守涠洲。由此可以看出，黄钟是明朝武官，明万历二十六年专剿涠洲的游击将军。

（二）珠民口碑中的黄钟

史书记载的黄钟是明朝武官，可是今天的白龙城乃至整个北海市的人都认为这位黄公是明朝万历年间的珠池太监。接下来，我们来看一则民间传说——《割股藏珠》：

明朝时，合浦白龙港有个村落叫杨梅村，它附近的杨梅池里有两尾大鲨鱼保护着一颗夜光珠，一到晚上这颗夜光珠便放出耀眼的光芒，把水面照亮。因此，渔民、珠民夜间作业无不称便。不久消息传到了京城，皇帝对这颗夜光珠垂涎欲滴，立即派了两名太监作为钦差赶赴合浦索珠。而这两名太监一位姓李，一位姓黄。李、黄两太监一到合浦便逼珠民冒险采珠。为了这事，不知有多少珠民葬身鱼腹。后来李、黄两太监总算把夜光珠弄到手了，就用红布包了十八层。放入檀香木盒内再包了几层红布，连夜派重兵押送宝珠回京。当太监一行浩浩荡荡走过白龙附近杨梅岭时，忽见海内闪现一片白光。李、黄两太监感到奇怪，停下来打开藏夜光珠的木盒，一看不得了了，夜光珠竟不翼而飞，吓得"木口木面"，只好赶回白龙城逼令珠民再下海采珠。就在这时，皇帝已连下两道圣旨，催促速送珠回京。太监急得满头大汗，便下最辣的手段"以人易珠"，将珠民缚上大石，沉入红石潭，并说："找不到夜光珠，就不能升上水面，如果空手而上，便会人头落地"。后来太监总算把夜光珠弄到手了，却又担心珍珠过不得梅岭。这时有个豪绅献计说："要把这颗珠带过梅岭，最好割开自己的大腿，让它藏到肉里去。"太监依计而行，以为万无一失。可是过了梅岭，太监割开腿上藏珠之处一看，哪里有什么夜光珠，早已不翼而飞，原来它又飞返合浦了。太监无奈，只得又返合浦胁迫珠民重采，但终于不可复得。太监因故不敢回朝，最后自杀身亡，据说珍珠城外面两堆黄土便是当年"割股藏珠"的太监葬身之所。[15] (P 299)

这是民间流传的《割股藏珠》的传说。《割股藏珠》只是一个传说，传说自然不能当真，它反应的仅仅是当时珠民对采珠役的指责与控诉。但是，传说一传再传，后代的人就会信以为真。而传说里所提到的两名太监又是姓李与姓黄，因此珠民很自然地联想到白龙珍珠城现存的《李爷德政碑》和《黄公去思碑》，认为底下埋葬的就是传说中姓黄与姓李的这两位太监了。再者，碑文已经风化难辨，珠民难以解读碑中内容，所以就有了《李爷德政碑》和《黄公去思碑》都是太监碑的这种说法。

（三）真实黄钟的考证

庆幸的是，今天尚存的《黄公去思碑》碑文虽风化难辨，但仍旧能让我们了解被立碑人的事迹。《黄公去思碑》于明万历二十九年（1601年）冬，由一些地方官员共同为黄钟而立，碑文如下：

钦差镇守广东涠洲游击将军黄公去思碑

盖五岭通中国自秦［汉］始。州口少慷慨喜谈兵，每言［及］岭外之险夷，遇之行□之盈缩，兵力之强弱，以及夷风□。我涠洲居海中，其下七池产珠玑，多以奉贡。而盗之□，于是不逞之徒，多犯国禁，乘长风破浪，游魂□之区。当事者乃设游击将军，开府涠洲之上，庶得弹压一方。而烽烟未息，羽书旁午，濒海居此罹于锋镝者［众］。于是朝廷据公才略，由总府坐营擢守涠洲。公既至，盗贼闻公威望，戢弓弋者十之六七。公乃严［词］檄之。令定汛地之□奇，暇日则推牛饷士，士感恩欢呼，愿效死以报。兹事廉卫将军蔡君倅仕奉委总管，两载开采下井，遭遇小丑□越侵犯，从□把总潘君倅一明布略设□，舟师荡静海宇，保固清平，皆蔡君之功，而公之部下所勒侯左右中营，君倅守臣□感□诸总无不□举此职。前年倭寇侵广，耽耽雷廉之间，其锋甚锐，公竟挫之。□必采一二□必搜捕必得，而海□。李公奉命采珠，与公竭虑协力,谋而谋同,相得[甚欢]□。

下为立碑人的姓名及其身份:赐进士第、朝议大夫、贵州□;广西提督学校、东莞□昌都;赐进士第、中军□福建漳州知府□;承□此□大理侍左□;广州府捕船官潘□助工银十两;陈□;简□高福政□;李□昌□陈□陈□;香禺□潘远。大明万历二十九年季冬□吉。

碑文的大体内容是这样的:涠洲盛产珍珠,多用来进贡朝廷。不少人闻珍珠之昂贵,心生盗念。盗窃珠池的现象常有发生,不仅如此,还引发诸多祸害,触犯国禁。于是,朝廷为了遏制这种现象,惩办盗珠贼,特设游击将军。起初,总府设在涠洲之上,但祸害仍烽烟未息。于是,朝廷根据公的才略,由总府坐营擢守涠洲。公到了雷州,严惩盗贼。公不仅严惩盗贼有功,深得民心,而且还挫败倭寇入侵广东,功绩累累。后来,李公奉命到广东廉州采珠,与公竭虑协力,镇驻珠池。

根据《廉州府志》(崇祯版)的记载,碑文中提到的"黄公"即明万历二十六年上任的涠洲游击将军——黄钟。

关于黄钟的为人,史书上的记载不多,但从仅有的一点资料我们不难发现,黄钟是明万历年间的涠洲将军,专剀涠洲防汛,与倭寇抗争,后与李敬一同镇守珠池。珠民之所以认为黄钟是珠池太监,缘由很简单,因为客观条件不允许,古时珠民能接受教育的机会颇少,因而他们的意识结构相对简单,受了《割股藏珠》传说的影响,以讹传讹,乃至今天整个北海市的人都认定黄钟就是《割股藏珠》故事里那位姓黄的太监。而事实并非如此,黄钟的确是一位战绩累累、挫败倭寇、惩办盗珠贼有功的将军,而并不是珠民口中的黄太监。

小　结

珍珠采捞活动在我国历史久远。从秦汉算起,采捞南珠的历史竟达两千多年。明朝时,采珠活动达到了登峰造极的地步,封建政府为了加大采珠的力度,特设珠池太监,镇驻珠池,监管珍珠贝的采捞,以保证珠贝数量的供应。大部分珠池太监利用特设权利,在地方无恶不作,欺压百姓,唯利是图。然而,对于某些珠池太监的所作所为,官方表达与民间说法有出入。官方表达是由国家政府或地方政府对某人某事某物作出的权威定断。而民间故事多由百姓根据自己的所见所闻、亲身经历或道听途说所记录下来的,我们很难辨别其中的真伪,但也不排除它的真实性。官方表达较为严谨,但也不排除要迎合统治者的需要而故意扭曲事实或者不完全记录历史事件。如关于李敬的个人历史,史书上记载甚少,仅有的一些记载都是负面记载。关于李敬的为人,官方认定是一个唯利是图、无恶不作的反面人物。但在民间的说法上,李敬却有值得赞赏的地方,原因是他能及时看到采珠对生态资源的破坏,向朝廷启奏停采珍珠,终结了封建社会大规模的采珠活动。但官方却没把李敬这些值得赞赏的行为记录下来,原因是李敬罢采,对珠民而言是件可歌可泣的事件,但对于统治者而言,他的行为断绝了珍珠的进贡。因此,我们今天看到史书上关于李敬的记载无不是反面的。同样,由于珠民意识结构的薄弱,在看待黄钟的事迹上亦出现了极大的分歧。

总之,官方表达与民间故事常有出入,我们不能片面地强调哪一方面的记载正确与否。官方表达与民间故事,往往能形成互补。要想获得真实的历史,我们只有在官方与民间两者论述的基础上,加以理智、全面的分析。

注　释

[1]（清）屈大均.广东新语(卷十五)[M].北京:中华书局,1985:414.
[2]（清）张廷玉.明史(卷八十二,志五十八,食货六)M].北京:中华书局,1974:740-742.
[3]（南朝·宋）范晔.后汉书(卷七十六,循吏列传·孟尝卷第六十六)M].杭州:浙江古籍出版社,2000:322.
[4]（唐）房玄龄.晋书·陶璜传(卷九十九)[M].北京:中华书局,2000.
[5]廖国器.合浦县志(卷四)[Z].铅印版.1942.
[6]邓兰.白龙珍珠城古碑考[J].广西社会科学,2003(5):162.
[7]（清）张廷玉.明史(卷三〇五,宦官列传一百九十三)[M].北京:中华书局,1974:2370.
[8][11][13][14]（明）张国经.(崇祯)廉州府志(卷一)[Z].北京:书目文献出版社,1992:21、22、91.
[9][10][12]（明）文秉.定陵注略(卷五)[M].台北:伟文图书出版社有限公司,1976.
[15]韦奇才.北海文史[N].北海日报,1990-06-01.
[16]吴小玲,陆露.南国珠城——北海[M].西安:三秦出版社,2003:11.
[17]曲明东.明代珠池业研究[D].广州:华南师范大学,2005.

绿珠·绿珠井·绿珠圣女

——广西博白女性绿珠历史形象研究

政史学院历史学2005级　黄文静

指导老师　杨天保

摘要：绿珠历史形象，大致历经了"美女、才女、烈女、祸女、圣女"的演变。在传统审美观念下，绿珠美女形象经久不衰。后受儒家"女子无才便是德"观念的影响，绿珠才女形象被湮没。随着程朱理学的渗透，后人根据自我需求，打造了绿珠烈女的形象，渐超过美女、才女形象。伴着女祸观念的流行，绿珠祸女的形象又被人为地捏造出来。如同绿珠历史形象的演变一样，绿珠井也遭到了社会观念的"修整"，经历了一个"爱井、填井、浚井"的过程。由于绿珠的个性魅力，加上乡人世俗的需要，绿珠遂成了"圣女"，受乡人信仰。绿珠圣女在人们心中具有祈福祛病防灾、稳定社会秩序的功能。绿珠美女、才女是其原本的历史形象，然烈女、祸女、圣女是时代社群观念的产物，是后人根据自我需要人为打造出来的。通过对一位女性历史形象的考察，我们可以洞见时代精神观念的不同演变。

关键词：绿珠，女性，民间信仰，历史形象

一、绿珠历史形象的演变及其成因

"绿珠（？—300），西晋石崇爱妾，善吹笛。赵王伦专权时，伦党孙秀曾指名索取，为崇所拒。后崇被逮，她坠楼自杀。史说她姓梁，白州博白（今属广西）人，见宋乐史（930—1009）《绿珠传》"[1]。

关于绿珠的事迹，史书记载，最早于见晋元帝时著作郎河南新蔡干宝（生卒年不详）所著《晋纪》（现已佚）。南朝宋文学家刘义庆（403—444年）《世说新语》依干宝的《晋纪》将绿珠事略传载于后世，但没给绿珠专门立传。唐房玄龄（577—648年）等人主持撰修《晋书》亦不为之，只在卷三十三《石崇传》中旁及绿珠大概："崇有妓曰绿珠，美而艳，善吹笛……"[2]将绿珠事略以传记载之，始于北宋太宗时，著作郎乐史所载《绿珠传》："绿珠生双脚山下，美而艳，越俗以珠为上宝，生女为珠娘，生男为珠儿，绿珠之字，由此而称……"[3]明顾元庆（1487—1565年）辑《绿珠内传》[4]，其内容与《绿珠传》基本相同，实际上都是乐史的写作，没什么新鲜内容和见解。与乐史同时代的文人李

昉等人集体编撰的《太平广记》亦记其事。今据《永乐大典》援引《太平广记》云："博白山下有绿珠井，本安定梁氏，女貌非常，而眉尤异，绿彩而鲜明，舒则长，蹙则圆如珠，故名曰绿珠。"[5]内容亦没什么新鲜之处。乐史之《绿珠传》乃1700多年来研究绿珠翔实的史料来源。

目前，关于绿珠的研究，并没有专著。在论文方面，一是韦湘秋的《绿珠及有关其诗话》[6]，对绿珠名称、绿珠诗、有关绿珠的诗话，皆有述及，史料翔实丰富。二是较多学者对绿珠坠楼一事，颇多论述。如景琛的《窈娘绿珠之死》[7]认为，绿珠坠楼是封建社会对女性的迫害。同样，昭民的《谈绿珠坠楼》[8]也指出，绿珠坠楼不是对石崇的殉情，也不是对孙秀等人的反抗，而是晋"八王之乱"的牺牲品。二人研究的政治色彩甚浓。另外，王云高的《绿珠与绿珠祠》[9]说，绿珠坠楼于石崇根本谈不上烈、贞，因为绿珠只是石崇的歌妓玩物而已。当然，这种说法值得商榷。三是受文化产业浪潮的驱动，耿法禹撰就的《广西古典三美说绿珠——为发展广西文化产业探寻资源，为开发绿珠文化品牌立论》[10]等文，呼吁开发利用历史文化资源。但是，显然缺少应有的历史研究予以支撑。四是最近蒋敏完成的《绿珠传说与民众的信仰生活——以广西博白县珠江村为例》[11]的硕士论文，最见功力。文章以区域民俗学为研究视角，通过整理绿珠的相关传说和民间祭祀活动等资料，考察了绿珠传说与民众信仰生活之间的关系，首次涉及绿珠历史形象的时代演变问题——汉晋四大美女、笛神、歌舞鼻祖、才女、烈女，为本文提供了帮助。不过，蒋文重在研究传说与信仰的关系，所以对绿珠形象只是简单地叙述，没有深究。

（一）经久不衰的美女形象

绿珠，与王昭君、班婕妤和赵飞燕并称为魏晋四大美女。后代文人笔端下，绿珠更是与西施、王昭君和杨贵妃号称中国四大美人。因为盛传的四大美女之一貂蝉，史书并无明确记载，史上有无其人尚难定论，故难入四大美人之列。《隋朝窈窕呈倾国之芳容四美图》，四美乃王昭君、班婕妤、绿珠和赵飞燕，绿珠赫然于其中。足见1300年前，绿珠之美女形象早成定论。清曹雪芹《红楼梦》中借林黛玉之口称西施、虞姬、明君（王昭君）、红拂（张出尘）、绿珠为"五美"，足见绿珠在曹雪芹心目中的地位。《五美吟》中《绿珠》曰："瓦砾明珠一例抛，何曾石尉重娇娆。都缘顽福前生造，更有同归慰寂寥。"

绿珠美女形象常见于历代诗词，尤以唐宋为盛。唐诗人骆宾王（约619—687年）的《艳情代郭氏答卢照邻》云："洛水傍连帝城侧，帝宅层甍垂凤翼。铜驼路上柳千条，金谷园中花几色。"[12]以赏花的形式怀想绿珠。唐白居易（772—846年）《酒寿忆皇甫》："新酒此时熟，故人何日来。自从金谷别，不见玉山颓。"[12]用"玉山"来喻绿珠形象。唐卢照龄（约637—约689年）也说"到头愁谷晚，不怪玉山颓"[12]。宋苏东坡（1037—1011年）《龙水吟》一词下阕云："闻道岭南太守，后堂深，绿珠娇小。依窗学弄，梁州初编，霓裳未了。嚼徵含宫，泛商流羽，一声云杪，为使君流尽，蛮风瘴雨，作霜天晓。"[13]

到了清代，文人程镳（生卒年不详）的《绿珠祠记》载："绿珠则兰香未嫁，碧玉初笄，丝布罢缝，珍珠待聘。美人天上，响玉佩之双前，女儿风前，度香尘之无迹。"[14]

绿珠"粗布不能掩其美，荆汉不能藏其艳，不施粉黛却容光照人，不加雕饰却仪态万方，近看如清水芙蓉，远看似绿山粉黛，粗看如巫山神女，细看似晶莹碧玉。闭花羞月，沉鱼落雁，何能言其倾国倾城，举世无双，焉能尽其艳！这样的女子，真堪与西施并肩，与王嫱媲美！不得此女，真是枉有千余美人"[15]。

然而，有人认为，广西乃南蛮之地，蛮风瘴雨，如何出美女？对此，南宋吴曾（生卒年不详）撰《能改斋漫录·方物》卷一五《美色不生中华》曰："自古美色未必生于中华也，故西施生苧萝山，昭君生秭归县，绿珠生白州，故今白州双角山前犹存绿珠井，绿珠本梁氏子，今有绿珠水，相传水旁间产美丽。"[16]迄至清代，苏州诗人宋广业（生卒年不详）的《杨妃绿珠二井》也说："苍梧山水丽，一郡产双英。冶艳倾唐主，钟情杀晋卿。恨从楼下死，羞向佛堂生。家国遭残破，空余二井名。"[14]对美色产于南国一事，犹无质疑。

（二）被湮没的才女形象

绿珠之才在笛、在歌、在舞。

元伊世珍（生卒年不详）之《瑯环记》载："绿珠姓梁，为梁伯女，生而奕傑好音。伯尝至山中，闻吹笛异于常声，觅之弗得，忽闻空中语云，汝女好音，欲传一曲，远归乎。伯以为神仙，遂下拜，因语曰，汝即归，叟取西北方草，结一人形，被以袿服珠翠，设杯酒盂饭，命女呼我名曰茵于，至三更，我当至矣。伯归如法，至时果至空中吹笛，音极要眇。绿珠听之，得十五曲，一字不差，因名笛曰茵于。又曰远归，远归仙笛名。"绿珠对笛天赋可谓极高。《绿珠玉笛》："绿珠玉笛，尸渗土花，斑驳如绸。云自巢发宋诸陵，笛殉宫人宋伟，后入交趾。清日闻歌，每能自叫。槃公以名马五十匹易之。"[17]宋伟，绿珠弟子，师从绿珠学笛，名师出高徒，绿珠高超的吹笛技艺由此可得到侧面反映。近代学者王力（1900—1986年）《咏绿珠》："玉楼人杳笛声沉，空剩黄鹂啭好音。"写的就是绿珠的笛声。

绿珠诗歌，有名者首推《懊侬歌》。据《古今乐律》载："《懊侬歌》者，晋石崇妾绿珠所作，唯《丝竹涩难缝》一曲而已，后皆隆安初民间讹谣之曲。"《懊侬曲》："丝布涩难缝，令侬十指穿。黄牛细犊车，游戏出孟津。"[18]懊侬者，烦恼、悔恨之义也，故亦称懊恼。但凡遇到拂意之事都可叫懊恼，《吴下方言考》[19]有明确说明。绿珠《懊恼曲》虽仅一曲而已，但除东晋南北朝诗人竞相仿传唱外，至唐朝亦有文人加以模仿吟咏。晚唐诗人温庭筠（约801—866年）《懊侬曲》云："藕丝作线难缝针，蕊粉染红那得深。鱼白兰芳不相顾，青楼一笑轻千金。"[20]诗人首句"藕丝作线难缝针，蕊粉染红那得深"明显是从绿珠《懊侬曲》首句"丝竹瑟难缝"演变而来。清屈大均（1630—1696年）《广东新语·绿珠井》云："东粤女子能诗者，自绿珠始。"《懊侬曲》后被丁保福（1874—1952年）收录入《全汉三国晋南北朝诗》和逯钦立（1910—1973年）辑校的《先秦汉魏晋南北朝诗》，这是中国文学史上记载的广西第一位女诗人的作品。清末民初广西文人梦秋《桂海百一诗话》云："吾粤女子诗见于世，当以晋绿珠《懊侬歌》为嚆矢。"[21]此论其确！

后代诗人描写歌舞伎的都以绿珠为名。如南朝文学家庾肩吾（487—551年）《石崇金谷妓》诗云："兰堂上客至，绮席清弦抚。自作明君辞，还教绿珠舞。"南朝陈诗人江总（519—594年）《洛阳道》云："绿珠含泪舞，孙秀强相邀。"隋朝诗人李元操（生卒年不详）《酬萧侍中春园妓》云："绛树摇歌扇，金谷舞筵开。罗袖拂归客，留欢醉玉杯。"赞赏的就是绿珠在金谷园别墅的舞蹈表演。《旧唐书·乐志》[22]云："《明君》本为汉曲，由于绿珠能歌善舞，即以此曲教之而自制新歌。绿珠遂成《明君》之领舞者。"然而，至明清之际，宋明理学甚嚣，"女子无才便是德，总以贞静为主"的观念出现，世人对其大加吹捧。"女子无才便是德"观念的出现是因为"统治阶级要加强对民众的控制，所以要实行'愚民政策'，而首先实行'愚女政策'，还跟以下三个因素有关：一，女子有才易不贞；二，女子有才则命途多舛；三，女子多才易短寿"[23]。就这样，绿珠才女的形象大为逊色，世人多知其美，不知其才。

（三）烈女形象的形成与发展

《晋书·石崇传》卷三三载："崇有妓曰绿珠，美而艳，善吹笛。孙秀使人求之……崇尽出其婢妾数十人以示之，皆蕴兰麝被罗縠。曰在所择。使者曰君侯服饰丽则丽矣，然受命索绿珠，不识孰是？崇勃然曰绿珠吾所爱也，不可得也，使者出而又反，崇竟不许，秀怒，乃劝赵王伦诛崇，遂矫诏收崇，崇谓绿珠曰，我今为尔得罪，绿珠泣曰，当效死于官前，因自投于楼下而死。"可知绿珠为爱而死，为情而终！

然而，此后，绿珠烈女形象不断拔高。

唐乔知之（生卒年不详）《绿珠怨》道："百年离别在高楼，一代红颜为君尽……石家金谷重新声，明珠十斛买娉婷。此日可怜无复比，此时可爱得人情……富贵雄豪非分理，骄矜势力横相干。"也说绿珠坠楼是为了石崇，但更认为绿珠坠楼是对残暴势力的不屈。

北宋乐史《绿珠传》咏："绿珠之殁数百年矣，诗人尚咏不已，其故何在？盖一婢子不知书，而能感主恩，奋不顾身，其志烈凛凛。诚使后人仰慕歌咏也。至有享厚禄，盗高位，亡仁义之性，怀反覆之情，朝三暮四，唯利是图，节操反不如一妇人，岂不愧哉。"诗人认为，绿珠一婢子，却能做到志烈凛凛，即便是高官厚禄者也自愧不如。

明诗人刘晓（生卒年不详）《浚绿珠井》云："双角井下生香玉，彩云碧玉佳人渡。清凉一顾软春风，苏合郁金珍珠步……剩有颜色生井水，不作后来马嵬比。三斛珍珠能买生，十斛珍珠难买死……独擅风流正赫矣，谁能慷慨便一掷……"诗人甚至将杨贵妃与绿珠比，突出绿珠是慷慨赴死的。

明大学士丘浚（1420—1495年）《绿珠行》云："宁在君前死为鬼，不向贼边生作人。百尺楼头不见地，奋身一跃翻空坠。"认为绿珠坠楼，是直接讨伐孙秀一伙贼人，是敢于死难的。

明诗人袁凯（约1554年前后在世）《绿珠祠》更是咏道："始知匹妇乡人化，不愧中原女丈夫。"使绿珠烈女形象更为拔高。

至唐代官方修史《晋书》把《列女传》改为《烈女传》，恪守忠节、从一而终的礼教观念在当时社会愈来愈受重视。时至两宋以后，随着程朱理学的深入，伦理道德更受推崇。至明代，此种风气更烈。程颐（1033—1107年）认为"饿死事小，失节极大"；朱熹（1130—1202年）提倡"存天理，灭人欲"，极力宣扬妇女守节，并把旌奖节妇烈女列为国策。洪武元年（1368年）明令："凡孝子顺孙义夫节妇，志行卓异者，有司正官举名，监察御史，按察司体核，转达上司正官，旌表门闾。"[24]社会崇节妇烈女愈演愈烈。

绿珠坠楼本是一个优美的爱情故事，为情而终，纯朴自然。但是，后人根据自己的需要，多方设计，终使其成为贞烈的榜样，烈女形象最终超过了美女、才女形象。

（四）人造的祸女形象

唐诗人徐凝（生卒年不祥）《金谷览古》云："金谷园中数尺土，问人知是绿珠台。绿珠歌舞天下绝，唯与石家生祸胎。"认定绿珠是祸胎。

南宋吴曾撰《能改斋漫录》卷十《蓄家妓示客而致祸》云："蓄家妓以欢客，主人之本意也，然古今反取祸者有之，晋石崇有妓绿珠，孙秀使人求之不得，遂劝赵王伦诛崇，五代安重诲尝过任园，任园为出妓善歌而有色，重诲欲之而园不与，由是二人相恶，重诲诬以反而杀之，二人皆以家妓示客而致祸，唐人李清咏石季伦诗云，金谷繁华石季伦，只能谋富不谋身，当时纵与绿珠去，犹有无穷歌舞人，若李清之言，则宜若季伦任园之失，及观外史《梼杌》记潘炕事则又不然，炕事伪蜀王建为内枢密使，有美妾曰解愁，善为新声及工小诗，建至炕第，见而欲取之，而炕不肯，弟谓炕曰，绿珠之祸，可不戒耶，炕曰，人生贵于适意，岂能爱死而自不足于心耶，人皆服其有守，以予观之，炕之不死，盖幸耳，何足以有守服之哉。"弟弟以绿珠之祸劝告哥哥要引以为鉴，可知绿珠成了当时社会的反面教材。

元末明初学者陶宗仪（1329—约1412年）等编《说郛》卷二五下李德裕（787—850年）《祥瑞论》："褒姒骊姬，皆为国妖，以祸周晋，绿珠窈娘，皆为家妖，以灾乔石，不可不察也。"认为褒姒、骊姬、绿珠、窈娘皆为不祥之物。丰西农（生卒年不详）《咏史》云："殷宗坠妲己，陈祀倾夏姬，绿珠灭季伦，碧玉戕知之，造端察天地，禽兽决几希，王道由慎独，长生捐美姬，草庐志宁静，丑妇焉足嗤。"作者奉从"神州陆沉，匹妇有责"的观点。

明杨慎（1488—1559年）《丹铅余录》卷十云："何恢有妓张耀华，美而有宠，阮佃夫频求之，恢曰，恢可得此，人不可得也，佃夫曰，惜指失掌邪，讽有司以公事弹恢，此亦与绿珠事相类。"作者认为美女祸害不浅。

在古人看来，国家兴衰，朝代更迭，往复不断，皆与女人有关。从商夏周开始，妹喜、妲己、褒姒导致三代亡国，此后代代有祸女。春秋，有误夫差身死亡国的西施；战国，有"蛊惑怀王"的郑袖；西汉，有"残戮戚姬"的吕后；唐朝，有执政几十年的武则天、造成安史之乱的杨贵妃；明末清初，有导致引兵入关的陈圆圆；清朝，有"垂帘听政"的慈禧太后。

然而，女祸观念由来久。"女祸观念不是凭空产生的，原始生产资料公有制的解体，是其产生的社会基础。女性地位低下又使她们往往成为暴政、乱政、亡政的替罪羔羊。此外，女性的社会活动范围又使其受到严重压抑，心理难以平衡。自觉或不自觉地卷入各种纷争，以期表示自我存在的价值，但最终落下骂名，其实祸国殃民者，男女两性皆有人在，只是人们对男性之祸隐之唯恐不及，对女性之祸夸之唯恐不过。"[25]在此种社会观念的影响下，人为造就的绿珠祸女形象且层层累进也就不足为奇了。

二、绿珠井的历史命运

爱其人并及其井，绿珠北上之后，乡人将其用过的水井命名为绿珠井，借以缱思。《广西通志》[26]卷十七《绿珠井》记："绿萝山在城西二十里下，有绿珠井并祠，相传即梁氏故宅。"不过，随着时代的推移，博白乡人这份单纯质朴的情感及其表露，如同绿珠历史形象的不同演变一样，也屡遭社会观念的"修整"，最终也历经了一个"爱井、填井、浚井"的变动过程。

（一）"美女无益于时"——由爱及怨，巨石填井

绿珠井命名的初衷是为爱井，事情发生于何年，无从考证。怨井及填井时大约在唐代。《太平广记》卷三九九援引唐代刘恂《岭表录》云："绿珠井在白州双脚山下。昔梁氏之女有容貌，石季伦为交趾采访使，以圆珠三斛买之。梁氏之居，旧井存焉。耆老传云：'汲饮此水者，诞女必多美丽'识者，以美色无益于时，遂以巨石填之。迨后虽有产女端严，则七窍四肢多不完全。异哉！"乡人将绿珠坠楼自毁归咎于天生丽质，认为红颜薄命，乃美丽姣好的悲剧，希望自家女相貌平平，平平安安度过一生，所以乡人就埋怨那口井："汲饮此水者，诞女必多美丽。"按此因果关系，于是填井，以示拒绝美貌。

填井一事后世皆有记载。

宋代周去非（1135—1189年）《岭外代答》卷十《绿珠井》载："郁林州博白县，古白州也，晋石崇妾绿珠实生焉。有井名绿珠，云其乡饮是水，多生美女。异时乡父老有识者，聚而谋室是井，后生女乃不甚美，或美必形不具。深山大泽，实生龙蛇，掩井之人，亦云智矣。"周去非欣然赞同填井，认为"深山大泽，实生龙蛇，掩井之人，亦云智矣"。

宋叶廷珪（生卒年不详）《海录碎事》卷三下《绿珠井》云："绿珠井在郁林州，父老云饮此井则生女端丽，绿珠生于此，后恐生女离乡，因而塞之，亦有绿珠台。"

元刘因（1249—1293年）《静修集》卷一七《出花》语："下石绿珠井，炙面昭君村，坐令宜花地，亦复愁移根"。

明彭大翼（1552—1643年）《山堂考肆》卷三五《镇石》云："绿珠井在白州双脚山下，昔梁氏之女有容貌，石季伦为交趾采访使，以圆珠三斛买之。梁氏之居，旧井存焉。耆老传云：'汲饮此水者，诞女必多美丽'识者，以美色无益于时，遂以巨石填之。迨后虽有产女端严，则七窍四肢多不完具，又汝州诸井皆以夹锡钱镇之，问其故以老兵曰：此邦饶风沙，沙入井，饮之则成瘿，夹锡钱所以治沙土也。"

清范端昂（生卒年不详）《粤中见闻》卷十一《绿珠井》记："博白县本高梁州，东粤之地。其双角山下，有梁氏绿珠故宅，宅旁有以井，七孔，水极清，名绿珠井。山下生女，多汲此水洗之。其井汲饮者，生女必美。士人以巨石塞井一孔，女绝美者亦捐一窍。"

可见，绿珠井被乡人或以美女无益于时，或恐女离乡，或饶风沙为由，填之。

（二）彰显烈女风范——明代重新浚井的社会根源

时至明代，观念发生变化。明邝露（1604—1650年）《赤雅》记："予说诸父老曰：'绿珠无负季伦，公等立祠，表彰高节，宜开复旧井。幼女何罪？毋自苦。'父老然之，即日徙石。"邝露认为"宜开复旧井"。绿珠村人听从了劝说，"移石浚井，汲引井中水"。

清代屈大均（1630—1696年）《广东新语》记《绿珠井》："大均曰：绿珠之死，粤人千载艳之，爱其并及其井。使西子当时能殉夫差，则浣溪沙与此井，岂非同为天下之清者哉。予诗云：'懊侬曾照井泉清，一代红颜水底明'。又云：'一自绿珠留此井，风流不道浣溪沙。'"诗人大均也认为，好水养好儿女，滋润了如此好女儿的井实在不该填。

何故填井，又浚井？原来，在唐代，武则天执政四十余年，杨贵妃致安史之乱，在当时古人看来，红颜祸水！绿珠因貌美祸及石崇，在此观念下，绿珠井遭填！至明代，旌奖节妇烈女成为国策，社会推崇烈女烈妇。绿珠坠楼，时人看来，"绿珠无负季伦"，于是浚井。总之，绿珠井的命运转变，皆为时代社群观念变化使然。

（三）旅游开发视野下的绿珠井

近年来地方政府力图利用地方文化开发地方经济。其一就是利用传统文化吸引游客，发展地方旅游事业。绿珠井成为当下玉林旅游业的一个重要景点。《中国名胜索引》[27]《中国旅游文化大辞典》[28]就把绿珠井当成重要的旅游景点收编入内。2006年6月，全区建设文化广西工作会议确立了"大力促进文化产业蓬勃，文化精品迭出，文化品牌响亮的文化建设"总体目标。在此背景下，耿法禹发表文章《广西古典三美说绿珠——为发展广西文化产业探寻资源，为开发绿珠文化品牌立论》，"认为绿珠聪慧好学，能歌善舞，是广西的三美之一，是值得开发的文化资源，呼吁开发绿珠文化，发展文化产业。对绿珠历史身份地位，比如身价、坠楼原因要正确解读，要用人性的本质加以还原"。作者的想法无疑是正确的，但是，作者对绿珠的"家底"并没有摸清，就把绿珠当旅游的"摇钱树"，这是不可取的。只有对绿珠研究透彻，还绿珠美女、才女、为情而终的真实面貌，才能为这一产业开发提供醇厚久远的历史文化知识支撑。

三、绿珠圣女的社会功能

绿珠一个出身贫寒的远嫁弱女，面对恶势力敢于大胆反抗，且绿珠又是一个没受过正规教育的苦命女儿，能够唱出传世的《懊侬曲》，是乡人的骄傲，值得敬仰！"清康熙元年（1662年），乡人在江边渡口建了个绿珠庙纪念这位女性。庙旁那条江就改为绿珠江，江边渡口就叫绿珠渡。到清康熙四十七年（1708年），博白知县程镳重修绿珠庙时才改名为'绿珠祠'，中有楹联'啼鸟怨东风，十斛珍珠难埋恨；落花随流水，一方古井尚留香'"[29]。

在生活中，人们总是要有精神寄托、心灵慰藉和心态平衡，幸福美好的生活人人向往。然而，在实际生活中，天灾人祸，种种不平时而有之。在灾祸不平无法排解时，人们就会根据需要，寻求相应的神明作为精神支柱。虽然神明未必能满足所有的世俗要求，但是能给人们以精神安慰和幻想的幸福。于是，在博白，当人们遇到无法克服的困难时，就会向绿珠寻求帮助。

在博白绿珠祠里，供奉着三位神灵。绿珠神位居大殿正中间的位置，左边是土地公公，右边是观世音菩萨。可见，绿珠作为博白当地的地方保护神是排在第一位的。

（一）祈福祛病防灾

民间信仰具有务实和功利性。绿珠信仰在劳动人民看来具有祈福祛病防灾的功能。"前清年间，地方流行'人头瘟'。染上此病，大都服药无效，个别村庄，十室九空。可是事先入绿珠祠避瘟的人却安然无恙。""绿珠祠前有棵大叶榕树，常有白鹤绕树飞舞和栖宿。榕树叶子，煲吃甘甜，常饮身强力壮，百病消除。"[30]在博白当地，每年有两次祭祀绿珠的活动，一在农历二月二十三到二十五日，一在八月十五日。在祭祀活动中，在绿珠

[5]永乐大典·元一统志·太平广记[M].北京:北京图书馆,2004.

[6]韦湘秋.绿珠及有关其诗话[J].广西社会科学,1988(3).

[7]景琛.窈娘绿珠之死[J].舞蹈,1981(1).

[8]昭民.谈绿珠坠楼[J].南宁师院学报,1983(4).

[9]王云高.绿珠与绿珠祠[J].文史春秋,1995(2).

[10]耿法禹.广西古典三美说绿珠——为发展广西文化产业探寻资源,为开发绿珠文化品牌立论[J].广西教育学院学报,2007(2).

[11]蒋敏.绿珠传说与民众的信仰生活——以广西博白县珠江村为例[J].广西师范大学学报,2008(4).

[12](清)曹寅.全唐诗[M].上海:上海古籍出版社,1986.

[13]唐圭璋.全宋词(第一册)[M].北京:中华书局,1979.

[14]博白县志[M].道光十二年(1832)环玉书院藏版.广西博白县志办公室编印,1987.

[15]夏炜.美哉·悲哉·壮哉——中国五大美女传[M].郑州:中州古籍出版社,1990.

[16](南宋)吴曾能改斋漫录·方物[M].上海:上海古籍出版社,1979.

[17](清)汪森.粤西丛载校注(中)[M].南宁:广西民族出版社,2007.

[18]逯钦立.先秦汉魏晋南北朝诗(中册)[M].北京:中华书局,1983.

[19](清)胡文英.吴下方言考[M].上海:上海古籍出版社,1996.

[20](宋)郭茂倩乐府诗集(上)[M].北京:中华书局,1979.

[21]梦秋.桂海百一诗话[J].广西丛报(十一),桂林皇城公民联合会,1913.

[22](五代)刘昫.旧唐书·乐志[M].北京:中华书局,1975.

[23]刘达临.中国古代性文化[M].银川:宁夏人民出版社,2003.

[24]杨一凡.大明令·礼令·旌表节义[M].哈尔滨:黑龙江人民出版社,2003.

[25]邹卫.女祸观念渊源流略考[J].河北大学学报,1993(81).

[26](明)苏浚.广西通志[M].广西通志馆复印本.

[27]李文芳.中国名胜索引[M].北京:中国旅游出版社,1987.

[28]藏维熙.中国旅游文化大辞典[M].上海:上海古籍出版社,2000.

[29]彭会资,陈钊.博白客家[M].南宁:广西大学出版社,2008.

[30]刘柏生.博白民间故事集[M].广西博白县民间文学三套集成办公室,1990.

祠门口挂条幅，主要内容是：祈福祛病防灾。师傅佬诵经，所诵经文内容也是祈福祛病防灾。村人向绿珠圣女许下美好的愿望，以期得到绿珠圣女的庇佑。愿望大致为：求平安，求事业，求姻缘，驱邪避灾，求人丁兴旺，求五谷丰登。诸类愿望"也从另一方面体现出绿珠圣女是有多种功能的地方保护神"。

在民众心中，"绿珠圣女，充满了普度众生的博爱情怀，形象上姿容温婉，慈眉普目，神态安详，富有女性柔美的气质，令信众产生亲切感。在她面前贫穷卑微者不会感到惭愧，罪恶的人也不必害怕被抛弃"，"一切信众，无论尊卑贵贱、美丑善恶，不管居住在什么地方，都可以祈求她的保佑和祝福。对信众的要求，在长期的演变过程中，庇佑没有明显的侧重点，可以说是有求必应"，"更重要的是，绿珠圣女在显圣时并不会有任何要求，而是无条件地将福祉降临到任何一个信众的身上"。

(二) 稳定地方秩序

传统的农业社会，村落之间无需太多的交往，其社会交际圈主要局限在村落内或村落与村落之间，但是，村落内、村落之间由于种种原因经常会产生冲突，这时，地方信仰就扮演了调和二者关系的重要作用，村落之间由于共同的信仰而关系密切。集体修庙和祭祀活动强化了村民间的信仰认同。

在博白当地，"不同姓氏的家族在农历二月二十三这一天一起出资举行祭祀，虽然姓氏不同，但是共同信仰，使他们能感受到一种古老、熟悉而亲切的文化气息，油然而生出一种亲缘感情，在博白即便是观音和土地神都无法企及的"。一切信众，不管社会地位，不管居住在什么地方，都可以向绿珠祈求保佑，由此，不同的家族在绿珠信仰上会产生相同的认同感和亲切感。

所以，绿珠圣女成为当地的信仰后，在某种程度上起到了凝聚人心、维护村落团结与安定、稳定社会秩序的作用。

小 结

综上所述，广西博白女性绿珠，美女、才女是其原本的形象，烈女、祸女是古人根据自我需要、社会的卖点，人为地打造的绿珠形象。然而，世易时移，现下美女经济泛滥，美女称谓滥行，如美女作家、美女销售、美女律师。"美女"一词偏离了它原本美丽、漂亮的年轻女子的指称功能，趋向庸俗化，美女成了商业经济的附庸。这既是对女性的伤害，又是对社会公正的僭越。"以史为鉴，可以知兴衰，以史为镜，可以明事理"。今天在构建女性形象时，应还女性一个原本的、真实的面貌，不应再让其成为不正确观念的牺牲品。

注 释

[1] 吴泽炎,王卓然,刘达人.辞源[M].上海:商务书局,1979.

[2] (唐)房玄龄,等.晋书·石崇传[M].北京:中华书局,1973.

[3] 中央书店.宋人创作小说选[M].上海:中央书店,1935.

[4] (明)顾元庆.广四十家小说·绿珠内传[M].上海:上海文明书局,1915.